吴铭忻 / 著

地方行政审批改革思考

——以企业研发楼报建流程为样本

Reflections on the Reform of Local Administrative Examination and Approval

中国法制出版社
CHINA LEGAL PUBLISHING HOUSE

前 言

就如何提高县级政府行政审批效率，笔者奋斗过8个年头。

2003年春，县政府决定组建行政服务中心。

组建行政服务中心不同于通常意义上的政府部门撤分或者合并，是将游离在政府各行政审批职能部门的行政审批权中的受理权、审核权、盖章发证权剥离出来，归并到政府统一设置的行政审批大厅，实行“一门受理、一条龙办结”。

对于地方政府而言，这是一项重大的自我改革项目，必须突破现行的行政审批体制，在当时还缺乏法律依据的情况下，政府领导需要有决心、胆识和魄力。

这项改革发轫于市场经济起步较早的广东、浙江，是在行政审批事项和条件过多、过滥，加之审批行为极不规范，已经严重影响投资环境的情势下自发开始的。

政府决定组建行政服务中心的消息一经透露，机关很多工作人员都有疑虑：眼下，老百姓办事难是事实，但有没有必要一哄而起组建行政服务中心？有人直截了当地质疑：部门的行政审批职能具有法定性，集中到行政服务中心办理可能吗？行政审批职能全部集中到行政服务中心办理，部门领导如何行使审核签字权？政府行政审批职能部门还有必要存在吗？

带着一系列疑虑，行政服务中心筹备组考察了组建时间还不长的浙江省萧山、鄞州以及温岭市行政服务中心，看到那里宽敞的行政审批大厅和面带微笑、进进出出的行政审批申请人，意识到政府组建行政服务中心的决策是符合民意的。

考察归来，筹备组兴致勃勃地向县政府提交了一份《组建行政服务中心建议方案》，对组建行政服务中心、提高行政审批效率寄以很大的期望。

很快，县政府常务会议通过了《组建行政服务中心建议方案》。

组建行政服务中心涉及部门行政审批职能的清理和归并、部门内设机构职能的调整，既不能违反法律规定又必须力求行政审批职能集中行使一步到位，得一步一个脚印，丝毫马虎不得。为此，县政府决定采取“三步走”策略。

第一步，清理行政审批事项。县政府各职能部门第一批上报的行政审批事项有 595 项，查找行政审批依据后，决定保留 525 项，包括行政许可事项 239 项、非许可类行政审批事项 286 项，对缺乏省政府部门以上规范性文件依据的 70 项决定予以取消。与此同时，清理出 1990 年以来本级政府以及本级政府部门自行出台的规范性文件 471 件，决定废止 220 件，保留 206 件，修改 45 件。

第二步，决定相对集中的行政审批事项。政府以较快的速度设置了行政服务大厅，出台了《关于集中办理行政审批事项的决定》，以文件形式明确规定第一批进驻行政服务中心办理的行政审批事项共 405 项。

第三步，实施“两集中两到位”。以“三定方案”形式确定行政服务中心机构性质、职能以及人员编制。与此同时，调整政府相关行政审批职能部门的“三定方案”，规定凡有行政审批职能的政府部门增设行政服务科并规定行政服务科性质、职能和人员编制。依据政府出台的《关于集中办理行政审批事项的决定》，行政审批实行“两集中两到位”，即部门的行政审批事项全部集中到部门的行政服务科办理，部门的行政服务科整建制集中到行政服务中心窗口办公；部门从事行政审批工作的人员全部移位到行政服务中心窗口岗位上班要落实到位，部门向派驻行政服务中心窗口服务的人员充分授予行政审批事项承办权要落实到位。为此，政府还出台了与“两集中两到位”相配套的其他管理性文件 8 件。

为确保“两集中两到位”，政府专门召开动员大会，规定落实“两集中两到位”的时间节点和纪律。

行政服务中心建设有两大难：窗口工作人员管理难，“两集中两到位”落实难。

成立行政服务中心之初，部门派驻窗口的工作人员并非都是部门最优秀的，极个别部门甚至将部门内部科室都不愿意接受的人员派到行政服务中心窗口工作。各部门派驻到行政服务中心窗口的工作人员，上下班要签到，工作时间不准玩游戏、不准喧哗、不准嬉闹，未经批准不得外出……有些人在原部门散漫惯了，受不了，对行政服务中心的管理制度产生抵触情绪。针对窗口工作人员管理难的问题，行政服务中心管理层不退缩，在加强督查、考核、评比的同时，采取公示考核结果、向各部门发送简报、退回窗口不称职人员等举措，逐步将行政服务中心管理制度转变成窗口工作人员自觉的行为准则。

与窗口工作人员管理难相比，更难的是落实“两集中两到位”。

虽说“两集中两到位”有政府红头文件的明确规定，部门“不敢”不执行，但总有一些部门以种种借口采取“软顶”的方式不予配合。有的部门领导搪塞：“审批事项全部到行政服务中心办理与上级政府业务部门的文件相抵触，需要与上级业务部门请示、沟通、协调。”有的部门领导观望：“审批事项全部到行政服务中心窗口办理，部门内部需要重新调整一些人员的工作岗位，新上岗人员还有一个培训的过程，还有一些自收自支编制的事业人员需要解决工资来源问题，我们做思想工作也有一个过程，不能太急。”有的部门领导以上级对口业务部门持不同意见为借口：“上级对口业务部门领导认为，有些行政审批事项办理过程中涉及申请人不便公开的信息，而且现行的网上办事系统设置也不允许将部门内部审批网外接到行政服务中心窗口，技术上如何处理需要再与上级业务主管部门共同商量出一个解决办法，需要一个过程……”

更有个别部门，行政服务科成立了，行政服务科人员也全部派驻行政服务中心窗口了，也通过授权书的形式向派驻行政服务中心窗口的行政服务科充分授权了，部门也刻制了行政审批专用章并交给行政服务中心窗口保管了，“两集中两到位”动员大会上也表态发言了，但部门的行政审批应进事项就是难以全部集中到行政服务中心窗口，“两头受理、体外循环”现象就是杜绝不了。

为实现“两集中两到位”，不知消耗了多少脑细胞，可以采取的措施几乎都采取过：“扛着”政府《关于集中办理行政审批事项的决定》红头文件上门沟通，在有些部门是有效的，在个别部门则未必有效。有个部门，登门交涉不少于 20 次，部门领导每次都表态积极，总是让你觉得很快会有成效，可就是落实不到位。

虽然对外宣传已经实现了“两集中两到位”，但是否真的到位了？个别部门，行政审批事项还是在部门办理，派驻行政服务中心的窗口工作人员人数不少但办不了事，只能起到咨询作用。行政审批申请人在行政服务中心、职能部门之间“两头跑”的现象没有从根本上解决。久而久之，行政审批申请人干脆“一头跑”，来行政服务中心窗口咨询的也不见了。

“两集中两到位”怎么就这么难？

偌大的中国，主人是谁？仆人是谁？政府的主要职责是什么？老百姓找政府办事难的问题为什么就那么难解决？

笔者一直想写点关于行政服务中心实务方面的东西，也动过笔，开了个头就写不下去了。觉得“两集中两到位”难写，因为与现行的法律制度、行政体制、庞大的政府机构、有增无减的机关工作人员、部门办公经费来源等有关联，涉及方方面面，不知道从哪里下笔是好，也不知道如何才能写透，才能写到点子上，尤其是涉及一些与法律制度相关的内容难以把握。

2016 年 6 月，一位相当要好的朋友办理了退休手续，被一个企业聘用为副总，离开家乡去了一个比较发达的地区，退休再干。

笔者与这位朋友相处了几十年，彼此兴趣相投，遇事相互交流，从不保留自己的观点。

现在通信发达了，朋友到了外地，仍可以保持不间断的网络联系。我将这里的情况及时告诉他，他把那边发生的事情及时传递给我，几乎天天如此。

朋友去的那个企业决定自筹资金建一座研发楼，建设工程用地规划许可证和国有土地使用权证都拿到了，进入建筑工程报建阶段。

朋友加入公司管理层，老板很看重，决定发挥我这位朋友长期在政府机关工作的优势，交由他办理研发楼建筑工程报建手续，期望研发楼能在2016年年底前报建成功，2017年年初破土动工，2017年年底建成。

朋友兴致勃勃，欣然接受：建设工程行政审批，最难的应该是用地许可。研发楼用地手续已经办好了，报建手续应该很好办。况且，这个公司所在的市有一个很气派的行政服务中心，行政审批效率应该是一流的。

朋友向来喜欢写工作日记，参加工作以来一直没有中断过。

从朋友几乎每天不间断发来的工作日记内容看，研发楼建筑工程报建并非想象中的那样顺畅。朋友于2016年7月中旬开始接手研发楼报建事宜，到了2016年年底，研发楼开工在即，但报建进程缓慢，还没有能够进入申请建筑工程施工许可证阶段。依据我国《建筑法》的相关规定，未取得建筑工程施工许可证就意味着不得擅自开工。何时可以依法开工？还“遥遥无期”。

企业自建研发楼，申请施工许可有那么难吗？在经济较发达地区尚且如此，其他地区想必也不会好到哪里去。

2017年春节后，朋友又去上班。我们又开始了网络交流。

忽然有一天，笔者从朋友的报建工作日记中悟出些许老百姓办事难的症疾所在，又萌生了动笔撰写如何提高行政审批效率的想法，开始将朋友发来的工作日记加以保留、整理，就行政审批机关设置的建筑工程报建程序和条件，逐项查找法律依据，分析其合法性。终于发现：行政审批机关精心设置的环环相扣的建筑工程报建程序和条件太烦琐，似乎过多地考虑强化部门职能因素而没有顾及申请人权益，而且设置的报建事项和条件并不能全部得到现行法律、法规的支持，有些报建事项和条件设置还找不到法律、法规依据。

归根结底，是政府机关在设置行政审批事项和条件的过程中，未能摆正国家主人与公仆的位置。

经朋友同意，笔者现以研发楼报建纪实为引篇，就行政机关设置的研发楼报建程序、条件以及行政审批行为进行合法性分析，提出对如何提高行政审批效率的肤浅认识，期望对各地正在进行的行政审批制度改革和行政服务大厅建设起到促进和参考作用。

著者

2018 年 12 月

目 录

企业研发楼报建纪实

委托建设工程施工图文件设计

2016 年 7 月 11 日
星期一　大雨

研发楼建设已经取得投资项目备案文、用地规划许可证、国有土地使用权证、规划红线图、规划设计条件（控规）、环境影响批复，进入建设工程规划许可和建筑工程施工许可阶段。

依据我国《城乡规划法》和《建筑法》的规定，下一步，申请并取得建设工程规划许可证、建筑工程施工许可证便可以施工。

根据行政服务中心指点，公司决定将建设工程规划许可申请与建筑工程施工许可申请同步进行。

申请建设工程规划许可、建筑工程施工许可，应当有施工图纸。施工图纸应当符合现行法律、法规、建筑规范及其他相关规范性文件的规定和要求。因此，施工图纸必须委托有资质的专业机构设计。

公司于今年 6 月 20 日选定了一家具有建筑设计资质的机构，在已经取得国有土地使用权的地块上，根据规划部门的红线图圈定了研发楼建设的具体位置，商定了研发楼设计架构以及委托设计的建设工程量和费用，签订了委托设计合同，并且先行支付了第一笔委托设计费。

委托设计的内容包括：研发楼设计方案的编制、研发楼施工蓝图设计。

设计方技术人员问：“施工图纸按办公楼性质设计还是按生产厂房性质设计？”

我公司老总有些不解:“有区别吗?”回答:“有。不同的性质有不同的设计规范。譬如,办公楼必须设计墙面保温层,厂房无此要求;办公楼通常应当设计办公室隔间,厂房通常无隔间。”

老总问:“造价相差多少?”回答:“单保温层有无,可能要相差几十万元。”

老总拍板:“那就按厂房性质设计。”

依据委托设计合同约定,公司需向设计方提供以下资料:

(1)市发展改革委员会核发的研发楼建设项目备案文件复印件;

(2)市规划局核发的研发楼建设项目规划红线图复印件(含电子文档);

(3)市规划局核发的研发楼建设项目选址意见书及规划设计条件复印件;

(4)公司建设项目环境影响报告表及市环保局核发的环境影响报告表批复意见复印件。

合约还约定:从规划设计方案报经规划部门审批通过之日起10日内,公司应当向设计方提供研发楼建筑工程地质勘察报告。

委托设计合同签订后,由设计方申请委托设计合同备案,我公司给予配合即可。

委托建设工程地质勘察

2016 年 7 月 29 日
星期五　少云

地质勘察报告是设计研发楼图纸时重要的地质条件参考依据之一。

今天，选定了一家地质勘察院，商定了委托勘察区域和勘察费用，达成委托勘察协议，要求勘察院尽快安排现场勘察，提交勘察报告。

依据委托勘察合同，公司向勘察方提供了建设项目备案文件复印件、用地红线图复印件、建筑总平面图及其他相关资料。

委托勘察合同也须网上申请备案，岩土工程勘察文件、钻探原始记录、土工试验记录须申请技术审查。那是勘察方的事。建设方需要的是勘察合同备案意见和经报审并经认可的勘察报告。

勘察方提出：“勘察人员进场时间通常在建设工程设计方案审查通过之后。为此，得抓紧设计方案审批的申请。”

申请规划建筑设计方案审查

2016 年 7 月 18 日
星期一　多云

咨询行政服务中心规划窗口：申请建设工程规划许可得从申请规划建筑设计方案审查开始。这是绕不过去的前置程序。

查阅申办指南，规划建筑设计方案审查应当提交的资料包括：（1）建设项目规划设计方案审批表（加盖申请单位印章及建管所、基层政府印章）；（2）具有相应资质的设计单位设计的两个或两个以上建筑设计方案文本 2 套（其中总平面规划设计方案图应落放在 1 ： 500 或 1 ： 1000 的现势地形图上，单体设计方案应包括平、立、剖面图，并标明建筑的名称、层数、高度、建筑面积、容积率、绿地率、停车泊位等相关经济技术指标以及设计方案的电子光盘 1 张），方案文本须加盖受委托设计单位的印章和受委托设计单位的资质章，提供资质证书复印件（加盖申请单位印章）；（3）发改委核发的投资项目备案文件、国土资源局核发的土地使用证明文件及土地出让合同、规划局核发的控制性详细规划复印件（加盖申请单位印章）。

规划建筑设计方案的审查属建设工程规划许可证颁发的技术性审查事项。审查通过的规划建筑设计方案是设计施工图纸的重要依据之一。

按照规划部门要求，设计方案需附效果图。设计方案效果图必须委托专业的制图机构制作，由设计单位提供 2 套符合形式要求的设计方案效果图，加盖设计单位印章。

今天，我同老总一同拜访了施工图纸设计单位，就研发楼建设方案与设计方进一步交换意见，要求设计方尽快拿出设计方案效果图。

设计单位告诉我们："设计方案确定 1 套就可以了，第 2 套方案通常都是在第 1 套方案基础上仅就造型稍作修改，只要体现与第 1 套方案的区别就行了。规划部门审核时，通常是按第 1 套方案定稿。"

2016 年 10 月 14 日
星期五　阴有时小雨

就规划设计报批方案，自设计合同订立之日开始，公司与设计方磨合了多次，终于定稿。

今天，接到建筑图设计方电话通知："两套研发楼规划设计方案已编制完成，甲方可以申请研发楼规划设计方案报批了。"

规划建筑设计方案审批表要求填写的内容包括2套方案的建筑面积、容积率、绿地率等，由公司在施工图设计单位的配合下填写，附上效果图。

申请表填写完毕并加盖公司印章后，经当地政府所在地城乡规划服务所、基层政府负责人分别签字认可并加盖单位印章后，再送行政服务中心规划窗口。

2016年10月24日
星期一　阴有时多云

提着已经齐全的规划建筑设计方案，跑了3趟也没有申报成功。第一趟被告知"设计方案未拷贝成光盘"，不予受理；第二趟被告知"复印件未加盖公司印章"，不予受理；第三趟被告知"未先在网上申报"，不予受理。

打开规划局网站，将规划建筑设计方案审批表及准备好的附件材料原件全部扫描，上传到网上，提交成功，等待网上审核。

待审核通过后再将纸质资料（凡复印件需加盖公司印章）、光盘送规划窗口正式受理。

2016年10月26日
星期三　大雨

下午接到电话通知，立即冒着大雨赶到行政服务中心规划窗口。

窗口工作人员将研发楼设计方案申报附件材料之一的发改委备案文退给我，说是"公司研发楼设计的是厂房性质，与发改委建设项目备案文上表述的企业综合研发楼性质不相符"，要求修改发改委核发的研发楼建设备案文，将原文中的“企业综合研发楼”改为“生产研发楼”。

拿着加盖了本公司印章的发改委项目备案文复印件，来到发改委窗口请求修改备案文。

窗口工作人员是位女士。我说明来意，这位女士告诉我：“修改建设项目备案文必须经领导同意。”

我问：“领导在哪儿？姓什么？”她回答：“姓陈，在办公室。”

我知道，请求发改委修改投资项目备案文不算件小事。我不认识发改委窗口负责人陈主任。直接去找，如果被拒绝，就难办了。

忽然想到行政服务中心李副主任，有过一面之交，不妨去找李副主任试试。

李副主任听完我的陈述，立即同发改委窗口陈主任打个电话：“老朋友的事情，请帮忙办一下。”

从李副主任办公室出来，找到发改委窗口陈主任，自我介绍，说明来意。

陈主任很负责任地陪同我一起到规划窗口，问清情况，向发改委窗口工作人员发出指示：“按规划部门的要求修改备案文。”

窗口工作人员问我：“原件带来了没有？”我说：“带着呢。”随即拿出原件交给她。

女士又问：“就这一份原件？”我说：“还有两份，没带来。”

女士很负责任地说：“必须将原件全部带过来。我们要存档，你们也要留存。”

立即赶回公司，找出所有原件，共3份，全部交给发改委窗口的那位女士。

那位女士接过3份原件，用黑墨笔分别在3份原件的“企业综合研发楼”字样处画三道横线，然后分别在横线上方写上“生产研发楼”字样，画上插入线，在修改处盖上发改委行政审批专用章，收回一份原件存档，将另外两份原件交给我。

我深表感谢，拿着修改后的备案文原件，交一份给规划窗口。

窗口工作人员看了看修改后的备案文原件，没再提出异议，告诉我：“可以了。办好了会用电话通知你。”

申请建设工程项目登记

2016年8月3日 星期三　多云，下午有小雨

研发楼地质勘察方、施工图设计方申请委托合同备案都要求公司提供建设工程项目登记号。

如何申请建设工程项目登记号？我于7月28日专程去市行政服务中心住房和城乡建设局窗口咨询。

窗口工作人员告诉我：“需申请建设工程项目登记。建设工程项目登记不在行政服务中心窗口办理，须去建设工程管理处申请。”

驱车赶到住建局下属的建设工程管理处。一位女士接待了我。

我说明了来意。这位女士提供了一个网址，告诉我：“建设项目实行网上登记，由建设单位在网上申请登记提交成功后，来这里提交建设项目备案文复印件、公司营业执照复印件。复印件需加盖建设单位印章，将原件带来备查。原件未带来核对或者复印件未加盖公司印章的，网上审核不予通过。”

赶回公司，立即登录市住房和城乡建设局网站，进入建筑业企业信用申报系统，填写研发楼建筑相关信息，按照提示扫描并上传研发楼建设项目备案文、公司营业执照及其他相关资料，提交成功。

今天，根据市建设工程管理处的提示，携带一份盖有公司印章的研发楼投资项目备案文复印件、公司营业执照复印件提交给建设工程管理处，同时将携带的投资项目备案文、公司营业执照原件交承办人核对。

承办人核对原件确认“无误”，打开网页，点击通过，告诉我：“建设项目备案号已经形成，可以回公司登录网站打印建设工程项目登记表了。”

建设工程项目登记表在网上下载并打印成功。立即通过网络分别传送给地质勘察单位和施工图纸设计单位，通知他们可以申请办理委托合同备案手续了。

确定建筑工程施工企业

2017年1月12日
星期四　多云

当地政府对公司研发楼建设很重视，一直跟踪服务。去年10月，当地政府又来了解进度，希望春节前能够开工建设。

因建设工程规划许可证、审图进度迟延，不得不考虑春节后开工。

按照当地政府项目促进部工作人员的说法，民营企业的投资项目可以直接发包，通常拿到建设工程规划许可证、审图合格证就可以“边开工边申请建筑工程施工许可证”了。

根据当地政府提示，公司决定立即启动直接发包程序。

2017年3月2日
星期四 多云

公司老总请他在外地的一位朋友设计标底，又让我找我的朋友帮忙设计一个标底，参照两家单位设计的标底确定最终的招标标底。

1月20日，我将报审图中心的施工图电子稿分别发给老总的朋友和我的朋友，同时着手草拟研发楼议标文件。

议标文件参照公开招标投标文件格式编制，包括建筑工程概况、投标方资质要求、投标文件及报价要求、议标日程安排等全部内容。

2月初，公司将研发楼议标文件在公司网站上发布，同时向当地政府、当地建设部门透露研发楼建筑工程议标消息，希望有较多的建筑商前来投标。

截至报名终止日，有6家建筑企业前来报名，领取了盖有我公司印章的研发楼议标文件、施工图纸、施工合同文本、工程保修协议文本等资料。

2月28日，公司老总请他的一位已经退休的朋友（建筑类高级工程师）来分析各投标企业送来的标书，对照标底进行各投标企业标书的合理性分析。最终，老总确定中标企业三原则：报价与标底接近，有一定量的施工业绩，当地施工企业优先。

根据议标文件设计的程序，今天开始用3天的时间确定中标单位。

经分别与投标企业沟通，公司决定将研发楼建筑工程发包给市住建局下属的建筑安装工程公司。

今天，公司向中标的施工企业发出了中标通知书，签订了研发楼施工合同、工程保修协议。

施工合同约定：开工日期为 2017 年 3 月 18 日，竣工验收日期为 2017 年 8 月 18 日。

中标方指定柳大洪、耿禾清为建筑方施工现场代表。

申请建设工程规划许可

2016 年 12 月 27 日
星期二　多云

规划建筑设计方案已经审核通过，可以申领建设工程规划许可证了。

打开市行政服务中心网上指南，申请建设工程规划许可证应当提交的材料包括：（1）建设项目规划审批申请表（加盖建设单位印章）；（2）建设项目选址意见书复印件（加盖申请单位印章）；（3）建设用地规划许可证及用地红线图复印件（加盖申请单位印章）；（4）投资项目备案文件复印件（加盖申请单位印章）；（5）土地权属证明复印件（加盖申请单位印章）；（6）建筑规划设计要点及建筑红线图复印件（加盖申请单位印章）；（7）加盖设计单位印章的建筑施工图、基础平面图 3 套，全套图纸需刻成光盘；（8）加盖设计单位印章的规划总平面图；（9）控制性详细规划复印件（加盖申请单位印章）。

市行政服务中心窗口提供的建设工程规划许可纸质申报指南要求提交的申报材料包括：（1）申请表（加盖当地基层政府、建管所、建设单位印章）；（2）发改委核发的建设项目备案文件；（3）土地权属证明、土地出让合同及合同公证书、土地挂牌成交确认书；（4）建设用地规划许可证、红线图、控制性详细规划；(5) 加盖设计单位印章的总平面图 1 张、施工图 2 套、结构图里面的基础平面图 2 张、施工图电子光盘；(6) 建设单位营业执照、机构代码、法定代表人身份证。复印件需加盖建设单位印章。

两个版本不一致，应该是以窗口提供的纸质申报指南为准。

申请研发楼建设工程规划许可的材料基本齐全，复印件加盖公司印章即可，只缺建设工程规划审批申请表一项。

网上下载空白的建设工程规划审批申请表，按要求填写完毕，打印并盖上公司印章，再送当地政府基层城乡规划服务所、基层政府负责人分别审核、签名认可并加盖印章。

携带申报材料到规划窗口。窗口工作人员看了看申报材料，没提出异议，要求先在网上填报。

2016 年 12 月 30 日
星期五　多云有时阴

昨天开始网上填报，按提示扫描附件材料并上传。

一直忙到今天上午，提交成功，电话请求窗口工作人员网上审核。

窗口工作人员告诉我："网上审核通过后，方可提交申请表及其附件材料。别忘了提供原件审核。"

2017 年 2 月 15 日
星期三　晴

今天，根据电话通知，去窗口拿到了建设工程规划许可证。

从网上申报成功到拿到建筑工程施工许可证，许可的期限似乎超时了。

申请建筑工程施工图设计文件审查

2016年11月11日
星期五 少云

上午，图纸设计方提供了设计图、节能计算书、结构计算书及其他相关专业计算书一式8份。

建设工程规划许可证还没有拿到。当地政府项目促进部来人说："可以先进行施工图纸报审。因为，施工图纸报审不需要建设工程规划许可证，颁发施工图审查合格证书时才要求提供建设工程规划许可证。"

下午上班时，提着设计方提供的图纸和技术资料以及该建设项目备案文原件及复印件送行政服务中心7楼的审图中心。

一位女孩站在一位男孩的电脑旁，两人面对电脑似乎在聊网上的什么内容。

我不知道应当找哪一位，试探着问："你好，请问，审图是送这里吗。"

男孩装着没听见。

女孩继续与那男孩聊。

我耐心地等着。

不一会，女孩抬起头，面对我说道："是的，我看看。"

女孩看了我两手拎着的两摞图纸一眼说："就这些图纸？还缺地质勘察报告和地质勘察报告备案意见。资料不全，受理不了。"

我说："这么多图纸，好重的。能不能先将图纸收下来，我再去补所缺的资料。"

女孩说："资料不全，我们不收。"

我心里明白：依据《中华人民共和国行政许可法》第三十二条第二款，行政机关受理或者不予受理行政许可申请，应当出具加盖本行政机关专用印章和注明日期的书面凭证。

我问："能否提供一份需要补充的材料目录？"那女孩指着墙上挂着的申办指南："自己去看看申办指南。"

我从那女孩的桌面上找了张用过的废纸："请你帮我写清楚，缺什么资料，以防我补错了，又要多跑一趟。"

女孩似乎有点不情愿，不耐烦地在纸条上写了 6 个字，中间用了个加号：勘察报告 + 意见。

两摞施工图足有 15 公斤，带来带去不便。好在行政服务中心办公室有认识的人，将图纸暂时存放在行政服务中心办公室。

2016 年 11 月 14 日
星期一　多云

上午 9 点，审图中心受理大厅门刚打开，我将图纸、岩土工程勘察报告和勘察报告备案意见直接送到女孩的办公桌旁。

女孩没说什么，打开电脑，告诉我："网上查过了，图纸设计网上备案还没有通过，还是受理不了，等图纸设计网上备案通过后再来吧。"

我心有不快：昨天怎么不说图纸设计网上备案的事？

虽有不快，却不便说出来。

我同女孩商量："能不能先收下来，待图纸设计网上备案通过了再正式受理。如果还需要纸质的图纸设计备案资料，我再送来。"

女孩斩钉截铁地回答："不可以。我们这里的资料太多。

等备案通过了再送来吧。”

不便多说，多说也没用，只得将图纸再次暂存在行政服务中心办公室。

图纸设计网上备案应当是图纸设计方申请的。我立即接通图纸设计单位联系人电话，告知图纸设计网上备案还没通过，希望催办。

设计单位联系人说：“图纸设计网上备案也在审图中心办理，网上申请已经提交好几天了，应该是审图中心负责网上备案的人员办事不及时。你放心，我们负责催办。”

2016 年 11 月 15 日
星期二　多云

为防止女孩索要图纸设计备案证明资料，下午将图纸设计备案通过的纸质通知复印件也一并送过去。

那位女孩不在。旁边的那位男孩说：“她今天有事，没来。”

我对那男孩说：“现在资料齐全了，女孩不在，你受理下来，可以吗？”那位男孩回答：“不行。你只能等她来了再送过来。”

我辩解：“我已经来 3 次了，再让我跑回去、下次再来没必要吧，你先受理了不是一样嘛。”男孩不耐烦地回答：“不一样。如果我受理了，在规定的时间内不能审图完毕，你会说我们超时的。”

我问：“审图要多长时间？”男孩回答：“15 天。”

我与那男孩说理，无效。

这时，一位中年男士走了进来，似乎是审图中心的一位负责人。这位中年男士问：“什么事？是哪个公司的？”我报了公司名称，简单地说明了情况。他说：“你公司老总是我的好朋友。你先将资料放我办公室吧，等她来了，我转给她。”

2017 年 2 月 20 日
星期一　小雨转阴

审图中心承诺的 15 天时间早就超时了。

当然，说超时，没依据。因为没有受理通知书。受理日期没法证明。

今天，审图中心通过电子邮箱发来审图意见电子稿，要求图纸设计单位针对审图意见给予答复并对图纸作相应的修改。答复以及修改的设计文件需加盖设计单位印章后送过去。

我立即将审图意见电子稿转发给图纸设计方，要求图纸设计方尽快对审图意见作出答复并对图纸作必要的修改，并要求将修改过的图纸盖好设计印章后立即通知我，以便我尽快将答复及修改方案送到审图中心继续审。

2017 年 2 月 22 日
星期三　阴有小雨到中雨

根据设计方的电话通知，下午从设计机构处拿到审图意见回复及依据审图意见修改的图纸，立即送到审图中心。

2017 年 3 月 6 日
星期一　多云

上午接到审图中心的电话，说是“审图通过了，来拿缴费通知单，可以交费了”。

立即赶到审图中心，拿到一份缴费通知单和一张补充材料目录。缴费通知单上的缴费项共 2 项：审图费和白蚁防治费。需补充的材料共 5 份：（1）设计单位设计的施工设计立面图、剖面图；（2）加盖本公司印章的建设项目备案文复印件；（3）设计合同备案文复印件；（4）勘察合同备案通知复印件；（5）建设工程规划许可证复印件。男孩特别提示：所有复印件需提供原件备核。

下午，带上现金再去审图中心交纳审图费，并根据审图办提示，向白蚁防治所设在审图中心的收费员交了白蚁防治费，然后按照要求向审图中心提交了设计单位设计的施工设计立面图、剖面图以及加盖本公司印章的建设项目备案文、设计合同备案通知、勘察合同备案通知复印件、建设工程规划许可证复印件。

施工设计立面图、剖面图是从图纸设计单位设计的图纸中抽取出来的，与审图用的图纸一模一样，盖有图纸设计单位的印章。

男孩一一对照原件，翻了翻我提交的相关材料，将申报材料全部退给我："根据我们领导的意见，请将设计单位设计的立面图、剖面图送规划局盖章确认，然后再来提交申报材料并领取施工图设计文件审查合格书、抗震设防审查证书。"

我说："我去找规划局，人家不会认我的，也不会盖章的。"男孩回答："那没办法。我们领导是这样规定的。"

我只能去找规划窗口布主任。

布主任说："规划局已经颁发了建设工程规划许可证，而且规划许可证上已经有注明：详见施工图，没必要在施工图纸上加盖规划局印章，而且企业生产性质的房屋不需要规划局在施工图纸上盖章，也没有盖章的先例。"

我将规划局窗口布主任的口头意见转告审图中心那位男孩。男孩说："那我就没办法了。我们领导就是这样规定的。"

我问："为什么要规划局在图纸上盖章呢？"男孩解释："因为规划许可证上未标明建筑物高度。"

我说："建设工程规划许可证上已经注明：详见施工图。这就意味着：建筑物高度应当以建筑物施工图纸为准。"男孩不耐烦地回答："我们领导就是这样规定的，我无能为力。"

我找到上次帮我收下图纸的那位审图中心领导，请求协调解决。

这位领导说："是住建局领导的意见，"说完便当着我的面打电话与住建局领导沟通，然后告诉我："这不关你们的事，是我们与规划局之间的协调问题，请你回去等待。"

我说："工程就要开工了，我们急需施工图设计文件审查合格书、抗震设防审查证书。"

这位领导说："那也没办法。"

回到公司，向老总汇报了情况，提出两条解决方案：第一，通过设在行政服务中心的投资环境管理办公室协调。因为投资环境管理办公室是政府和纪律检查委员会设在行政服务中心的一个监督和协调机构，有权召集政府的相关部门领导协调、处理与投资环境相关的争议。第二，通过政府网站投诉，建议政府对行政审批条件进行合法性审查，这样做有利于统一解决部门增设的行政审批类似门槛。

老总否决了我的两条解决方案。理由很简单：不做出头鸟。

2017 年 3 月 13 日
星期一　小雨

老总有一位朋友是在政府部门工作的领导。老总请他的这位朋友出面与住建局领导打招呼。

看来，老总的这位朋友说话还有点分量：住建局领导同意先给我们公司发证，与规划局的争议另行解决。

上午 9 点，我又到了审图中心。

在我之前来的已有 3 家公司的委托代表人，一家是来图纸送审的，另两家也是取图纸审查合格证书的。

审图中心负责接受图纸、打印图纸审查合格证书的有两个人，一个是科长，另一个是科员，但似乎只能在同一台电脑上操作，另一台电脑可能是不能同时联网。

科长先审查那家送审的图纸，核对应当送审的图纸及其附件材料。核对无误，将送审的图纸以及附件材料装进一个材料袋，告知送审人：“好了。”也未给送审人受理通知书。

科长按顺序开始办理在我之前到来的那位申请人的审图合格证。

那位申请人提供了建设工程规划许可证复印件、建设项目备案文复印件、委托勘察合同原件、委托设计合同原件以及勘察合同备案通知书、设计合同备案通知书复印件。

科长打开市住房和城乡建设局网站，在网上填写申请人名称及其申请的项目信息，填写了近半个小时，提交成功。

科长又打开省住房和城乡建设网站，在网上再次填写相同的申请人名称及其申请的项目信息，填写完毕，提交成功。

我问：“为什么要填写两次相同的信息？”回答：“没办法，程序上就是这样设计的。”

网上信息填写完毕并提交成功后，科长到另外一台电脑旁，开始打印工程施工图设计文件审查合格证书。

打印机是针式的，打印起来很慢。

我说：“这个速度太慢了。”回答：“这家申请人只是一栋房子建设，很快就打印完了。如果遇到房屋开发商打证，常常是一家有若干份证，打印一天是常有的事。”

工程施工图设计文件审查合格证书打印出来了，接着打印建设工程抗震设防审查证书。

第一家证书打印完成，第二家继续。

等到第二家证书打印出来已经是上午 11 点 20 分了。

我赶紧将我带来的资料交承办人审核。

科长审核很是认真，忽然有了一个发现：规划局核发的建设工程规划许可证上打印的我公司名称中有一个字是“音同字不同”的错别字，告知我：“对不起，你的证还是发不了。你们的建设工程规划许可证上的公司名称错了，你必须去规划局申请纠正。”

我仔细一看，确实错了。立即到规划局窗口：“你好，建设工程规划许可证打印错误，麻烦帮我纠正一下。”窗口工作人员回答：“对不起，我们下班了。建设工程规划许可证在窗口打印不了，请你到我们规划局去申请。”

在外随便吃了点午饭，驱车直接前往规划局。

中午休息时间，规划局各办公室的门关着。

我不认识规划局工作人员，外面又下着雨，只得在车内等他们上班。

下午 2 点，准时到规划局，敲开规划局行政许可科的门，说明来意。

一位 40 岁左右的男士接过我的建设工程规划许可证，按照证号打开电脑中的办证信息，发现确属输入错误。

该男士非常热情地请我坐下，立即重新打印规划许可证，到隔壁办公室盖上规划局大印，收回我手中的那份有误的规划许可证销毁。

拿到规划局纠正后的建设工程规划许可证，又立即驱车赶到行政服务中心的审图中心。

时间是下午 2 点 40 分。审图室门还没有打开。

上午打证的那两家比我来得早，已经在门口等待了。

我感到奇怪：“你们不是上午打证了吗，怎么下午还来？”他们回答：“审图中心主任上午没来，盖不了章，只好下午再来。”

我问：“行政服务中心下午几点上班？”一位女士回答：“两点。”

大家会意地都笑了起来。

大概又等了 10 分钟，审图室的门终于开了。

我将资料重新交过去。科长看看我，没说什么，开始在网上填写打证信息。

证打好了，还是盖不了章。

我有意问：“主任不来为什么就盖不了章？”回答：“这是规定。”

我又问：“哪有这个规定？必须要主任来才能盖章？”回答：“现在要求严格了，审图合格证必须加盖主任的个人印章，当然要主任来了才能盖。”

我问：“主任下午会来吗？”回答：“说好了下午 4 点左右来的。”

大家又等了一会。

忽然想到：上次交纳白蚁防治费时，收费员只给了张白纸收据，没开发票。

趁等待的时间，我将交纳白蚁防治费的收条复印件给负责白蚁防治的那位女士。那位女士挺客气地给了我一式两份白蚁防治委托合同，指导我填写并要求我带回公司加盖公司印章后再送给她，她要拿到住建局白蚁防治中心盖章。白蚁防治费正式发票也要回单位去开，今天也拿不到。

等到下午 4 点，审图中心主任还是没有来。

我对那位科长说：“能不能打个电话问问你们主任什么时候到？”科长回答：“这个电话我们不好打。”

我说：“要不，你将你们主任的电话告诉我，我来打。”科长回答：“我不能告诉你我们主任的电话。要不，你去我们办公室问主任的电话号码吧。”

找到办公室的一位女士，说明来意。那女士说：“你不可以打我们主任的电话。”

我说：“你们还未上班我们就来了，还有两家也在等。你们主任说好了下午 4 点来的，我们等到现在了还没来。”

女士勉强说：“要不，我来打吧。”

电话打通了。听到主任在电话那头说：“今天来不了，明天下午来。”

听电话的声音，主任也是位女士。

2017 年 3 月 14 日
星期二　多云

下午 3 点再到审图中心。

等到下午 4 点，主任真的来了。

科长将打印好的证送主任盖了章，告知我：“先去办公室办理登记手续，然后再来取证。”

办公室承办人员要求提供公司营业执照和建设工程规划许可证原件，说是要拍照存档。

我说：“建设工程规划许可证原件随身带着呢，但从未有人说过要带营业执照原件。我没带，怎么办？”承办人员回答：“备案需要原件扫描上传。变通办法只有一个，你想办法让你们公司拍照传给你。否则办不了。”

只得电话联系公司办公室，将营业执照扫描件发给我。

登记手续办结。科长将工程施工图设计文件审查合格书和建设工程抗震设防审查证书交给我，让我签收。

学着前面两家的做法，接过审图办的图纸审查合格专用章，在一式八份送审图纸上一张一张地盖。

忙到下午下班时分，终于办成。

后天就是施工合同约定的开工日。庆幸的是：拿到了建设工程规划许可证和施工图设计文件审查合格证书。虽然还不符合申请建筑工程施工许可证的条件，但根据当地政府项目促进部工作人员的说法，可以边开工边申请建筑工程施工许可证了。

委托建设工程监理

2017 年 3 月 13 日
星期一　小雨

老总有位朋友是建筑方面的专家，已经退休了。老总想聘用他半年，请他来公司专门跟踪、监督研发楼施工质量。

我认为可行，但施工方认为不可行。

施工方提醒：该工程必须委托监理，否则质量监督登记通不过，安全备案通不过，建筑工程施工许可也通不过。

进入行政服务中心网站查询，果真如此：建设工程安全监督备案、建设工程质量监督登记、建筑工程施工许可都将委托监理合同备案列为必备条件之一。

请哪家监理公司最省钱？已经先后有 3 位朋友向公司推荐监理公司了。

分别与这 3 家监理公司电话磋商，有 2 家监理公司的监理费用报价为：按工程造价的 15% 收取，最低按 12% 收取。进一步磋商后，有 1 家监理分公司同意按 10% 收取，条件是“不签订监理合同”。

我问：“为什么不签订监理合同？”回答：“如果在施工过程中出现施工安全事故，会被停业整顿 6 个月。”

我说：“不签订监理合同，质量监督、安全监督、施工许可证都办不了。”回答：“那，宁可不承接该业务。”

签订施工合同的施工单位法定代表人洪总来拜访，听到我公司老总说到委托监理的事，说：“我来帮你们找一家监理公司，可以少收委托监理费。”

老总认真思索了一下，回答：“好的。”

事后，我问老总：“为什么同意由施工方介绍监理单位？”老总说：“即使我们找监理公司，施工单位也会与监理拉关系，监理与施工单位融为一体的现象比比皆是。干脆，就让施工单位带个监理公司来签约吧。反正，就是为了走程序。”

监理合同也必须备案。监理公司要求我公司提供相关的备案资料。

委托建设工程质量检测

2017年3月28日
星期二　少云转多云

研发楼建筑工程基础已经开挖。

施工方实际代表是耿禾清，40多岁，男性。

耿禾清找到我：“现场施工必须委托专业公司安装塔吊，安装塔吊必须出具中标通知书，建设工程质量检测又迫在眉睫，建筑材料送检不仅要有招标投标管理办公室核发的中标通知书，而且要求先申请质量监督登记。目前为止，你们的直接发包建设工程备案还没有办好，质量监督登记也还没有申请。请你们抓紧申请。”

耿禾清又说：“塔吊基础钢筋混凝土已经浇注1天了。浇注的混凝土必须取样送检，否则，塔吊不允许安装。由于建设工程质量监督尚未登记，你们建设方与建设工程质量检测中心的建筑材料质量检测合同尚未签订，建筑材料无法送检。再不解决，浇注的塔吊基础混凝土完全凝固，就不能取样送检了。”

耿禾清继续说：“塔吊安装钢筋混凝土基础必须率先取得检测合格证。钢筋混凝土基础未经检测合格就安装塔吊的，施工方会被罚款。”

听完施工方代表的陈述，我回答：“直接发包建设工程备案应当由甲方申请，没错。但是，由于你方施工班子还没有组建好，项目经理、技术负责人、安全员等工程技术人员组成迟迟不到位，建设工程直接发包备案申请材料还不符合要求，直接发包建设工程备案申请还提交不出去，你又不是不知道。塔吊由你方委托安装，各不相干，你们持有建筑工程承包合同，可以向塔吊安装公司解释、协商，请求先安装塔吊，等直接发包建设工程备案完成后再提供相关证明材料。”

看来，直接发包建设工程备案是大事，与建设工程质量检测中心签订建筑工程检测合同也是大事。

直接发包建设工程备案申报材料暂时还难以符合申报要求。看来，得先申请建设工程质量登记。

去行政服务中心建设窗口咨询，被告知：“质量监督登记必须去质量监督站申请办理。”

耿禾清派一位叫单敏的女孩陪同我一起去建设工程质量监督站，并交代：“以后涉及报建需要施工方协助的，都由单敏协助。”

该建设工程质量监督站与质量检测中心同在一个大院内。

先到质量监督站办事窗口咨询申请质量监督登记的事。窗口一位女孩问：“招标投标管理办公室核发的中标通知书有吗？”我说：“还没拿到。”女孩回答：“必须提供，否则办不了。”

质量监督登记办不了，只好到建设工程质量检测中心办事窗口，试探着请求先签订建设工程质量检测合同。

窗口一位女孩说：“请出示质量监督登记手续。”我说：“因为建设工程直接发包备案申请还没有受理，中标通知书还没有拿到，质量监督登记暂时还办不了。”

女孩说：“你们的质量监督登记还没有办理，不能提供质量监督号，不能申请质量检测。”

怎么办？又回过头来到质量监督站办事窗口协商。

我向那位女孩解释招标投标管理办公室的中标通知书迟迟未办下来的原因，请求先进入质量监督程序。女孩回答：“必须提交完整的申报材料方可申请质量监督登记和质量监督号，其中招标投标管理办公室的中标通知书必不可少。”

我们了解到：建设工程质量检测中心与质量监督站是同一个法定代表人，同属于市住房和城乡建设局下属单位。

打电话给施工方代表耿禾清，要求耿禾清请施工方洪总与质量监督站站长协调，请求先办理质量监督登记、质量检测相关手续。

耿禾清回答：“我不方便直接找洪总。还是你出面找比较好。”

我问：“你是施工方代表，你怎么不方便直接找你们的洪总？”回答：“总公司与我的关系是管理与被管理关系。我组织人员施工，对总公司负总责，公司收取管理费。施工过程中发生的事务我不宜直接找总公司。”

这才知道：总公司与耿禾清之间另有协议。耿禾清只是个全权负责的“工头”或者是二级承包商。

没办法，只得自己去承包方总公司。

找到洪总，说明来意，请求与质量监督站领导沟通一下。

洪总立即打电话给建设工程质量监督站何站长。何站长当即同意先行签订建设工程检试委托合同，同意先行送检。

我又赶到质量检测中心，领到了建设工程检试委托合同。

建设工程检试委托合同是格式合同，打钩的委托检试范围有常用建筑材料类、建筑地基类、建筑水电类、钢结构类、建筑结构类、建筑节能类、建筑保护类，共 7 类 54 项。单敏说，未取得相关建筑材料质量检试合格通知书的不能通过工程竣工验收。

依据建设工程检试委托合同，检试费用按规定的收费标准收取，建筑材料送检必须由建设方先行预支付一笔委托检试费，由检测中心根据每次检试量计算检试费额，直接从委托方的预付款中逐笔划拨支付。

建设工程检试委托合同中需填写我公司指定的取样员、见证员的姓名和资格证书号。我公司没有取得资格证书的取样员和见证员，取样员只能由施工方提供，见证员只能由监理方提供。

依据建设工程检试委托合同，建筑材料应当由合同中指定的取样员、见证员共同送检。

检试费用能不能优惠收取？老总请施工方洪总电话与质量监督站何站长再次沟通。何站长同意按 65% 优惠收费。

今天，公司向建设工程质量检测中心预付了第一笔委托检试费 2.5 万元。

建筑材料如何取样？如何送检？我方是外行，只得全权交由施工方代为操作。

再三叮嘱耿禾清："哪些建筑材料必须送检，请你们依据建筑工程竣工验收要求决定。必须送检的建筑材料按规定送检，非强制性送检的就不要送检了。"

耿禾清表态："按工程质量验收要求，必须送检的项目内容送检。工程质量验收非必须提供建筑材料检测报告的，我们不会送检的。"

实际操作中，我方根本不知道在建设工程检试委托合同中指定的取样员、见证员长什么样，指定的取样员、见证员也根本不会到场，只能由耿禾清指定的人代为取样、送检。

送检的建筑材料是不是实际施工中的建筑材料？质量检测过程是否符合技术规范？我方不可能跟踪，在现场的监理只有 1 人，估计也不会每次都跟踪。

申请建筑工程现场规划定点

2017 年 3 月 7 日
星期二　多云

上午，市规划设计院来了 2 名技术人员到现场规划定点。

规划设计院技术人员带来一张发票，收取规划定点费 2000 元，说是按最低收费标准收取。

公司照单支付。

申请换接水表

2017年3月14日
星期二　多云

公司原有的自来水接管是直径15厘米的。因公司发展需要，加之研发楼建筑工程施工需要，拟改为直径40厘米的自来水接管。此外，为满足研发楼消防设计规范要求，施工图纸还设计了一个直径100厘米的消防专用水接管。

自来水集团总公司的自来水接管就经过我公司大门口，但我公司不得自行换接，必须通过自来水集团总公司。

昨天电话进行了咨询，自来水集团公司要求我公司提交换接水表申请书，如果我公司法定代表人不能亲自申请办理，还必须提交由法定代表人签署的授权委托书。

今天去了自来水集团总公司，提交了自来水换接水表申请书和授权委托书。

办事大厅设在自来水集团总公司一楼。

窗口工作人员看了我提交的申请："请你填写统一格式的申请表，盖上申请单位印章。"

我说："我的这份申请内容与你提供的申请表内容是一样的，我公司印章也没带来，就用提交的这份申请可以吗？"回答："不可以。"

只得回公司，按照要求填写统一格式的申请书，盖上公司印章，赶往自来水集团总公司重新提交。

我问："什么时候可以接水？"回答："尽快安排去现场。"

2017 年 3 月 17 日
星期五　多云

自来水集团总公司来了两位技术员察勘现场，告知："原使用的直径 15 厘米的水表改为直径 40 厘米的水表，另根据研发楼施工图设计增加一只直径 100 厘米的消防水路专用水表，方案可行。请你们去自来水公司交纳 1.21 万元费用。自来水公司只负责在自来水总管道上接水表，水表以外的水管由你们公司自己接。"

离开时，一位 40 多岁的技术人员叮嘱："你们公司平时只可以使用直径 40 厘米的水表，直径 100 厘米的水表属消防专用表，公司不得使用，否则按用水量 2000 倍收取水费。"

2017 年 4 月 14 日
星期五　晴

老总又请他在政府部门工作的朋友同自来水集团总公司老总打了个招呼。自来水集团总公司同意按 8510 元收费。

前天，去自来水集团总公司交费。今天，自来水集团总公司派施工员到现场接上两只水表。

我留心看了一下，总水路只有 1 条。所谓的消防专用水与生活用水接在同一条水路上，只不过用了 2 只不同的水表而已。

施工员告诫："正在使用的那只旧水表由你公司自己拆下来，换接上新水表。原水表换接时，请电话通知自来水集团总公司到现场。自换接之日起，原水表停用并由自来水集团总公司收回。"

我说："我公司正在使用的旧水表不是由我公司付过费了吗？能不能留给我公司临时用于建筑工地水表？"回答："不可以，旧水表必须收回，这是规定。"

申请建设工程质量监督号

2017年3月20日
星期一　有小雨

工程已经开工。能不能先进入质量监督程序？

质量监督站提供了一份办事指南，包括建设工程报监办事流程、建设工程报监应当提供的资料、建设工程质量监督网上填报指南以及需要由建设方填写的建设工程质量监督申报表。

依据该建设工程报建流程，在建设工程检试委托合同签订之前，应当先申请建设工程质量登记并取得建设工程质量监督号。申请建设工程质量登记的条件之一是取得建设工程安全监督备案号。在研发楼建设还未申请建设工程安全监督备案的情况下，不具备申请建设工程质量登记的条件，但可以先申请建设工程质量监督号。

依据办事指南，申请建设工程质量监督号应当提供以下申报资料：（1）填写完整的质量监督申报表（原件一式两份，申报单位复印件留存）；（2）安全监督相关手续（尚未办理的可提供建设单位证明）；（3）抗震设防审查证书、施工图纸审查合格证书复印件（加盖申请单位印章）；（4）施工图设计文件审查意见书及回复复印件（加盖申请单位印章）。

质量监督站提示：建设工程质量监督号申请提交后，由质量监督站分派质量监督员到现场勘察后给出质量监督号，建设方取得质量监督号后再申请建设工程质量监督通知书。

2017年4月20日
星期四　多云下午转阴

申请建设工程质量监督号必须先填写完整的建设工程质量监督申报表。建设工程质量监督申报表中必须填写由招标投标管理办公室核发的中标通知书号、施工图设计文件审查合格证书号、施工合同备案号，还要求填写建设单位、勘察单位、设计单位、监理单位、施工单位五方责任主体基本情况，项目负责人，技术负责人姓名等基本信息及相关资质证书号。

施工图设计文件审查合格证书号、施工合同备案号都有了，但因施工方的施工技术班子组建滞后，直接发包建设工程备案申请材料还提交不了，建设工程质量监督申请表也还不能填写完整。

到建设工程质量监督站服务窗口去过两趟了，因招标投标管理办公室的中标通知书还没有拿到，未能提交填写完整的质量监督申请表，质量监督号申请不予受理。

研发楼基础钢筋扎筋分项工程已经完成，进入基础混凝土浇筑阶段。

依据建设工程质量监督有关规定，基础混凝土浇筑之前须由质量监督站工作人员到现场察看并得到质量监督站的认可，否则会面临“责令停工”的风险。

我同窗口工作人员商量：“研发楼基础钢筋结构工程已经完成，混凝土浇筑在即，能不能先派质量监督员到现场监督？”回答：“质量监督员去现场的前提条件是建设工程必须申请并取得质量监督号。”

只能再请建筑总公司洪总与质量监督站站长进行沟通了。

上午，我直接去了建筑总公司。洪总不在总经理办公室。

找到分管技术的宗副总经理。宗副总经理打电话给质量监督站何站长，说明直接发包尚未备案的原因，希望先取得质量监督号。

何站长问："建设工程规划许可证、设计图纸审查合格证、抗震设防合格证都有吗？"宗副总经理拿着手机问我："有吗？"我回答："都有。"

何站长要求我将相关证件送过去看看。

这些证件我随身带着，立即送到质量监督站。

何站长不在，说是下乡去了。一位副站长说："这事归党总支毛书记分管。"

在这位副站长的指点下，我敲门进入毛书记的办公室。

说明了来意，转达何站长的意见，将相关证件给毛书记查看。

毛书记应该是接到过何站长的电话了。他查看完证件，立即打电话通知楼下的办事窗口："先办理质量监督号，缺少的直接发包建设工程备案手续以后再补。"

毛书记同意了。我非常欣慰，再三表示感谢。

回到一楼办事窗口，将相关证件交给窗口那位女孩验证。

那女孩问："建设工程质量监督申报表给我看看。"我回答："由于直接发包备案的中标通知书还没有拿到，申报表填写不够完整，因此未带来。"

女孩说："毛书记已经说了，可以先办登记。但登记必须有申报表、盖有审图办印章的审图意见及审图意见回复、建设工程规划许可证复印件、审图合格证复印件、抗震设防合格证复印件、安全监督说明。申报表上不能填写完整的内容可以下次再补填，但必须有申报表。"

我问："因直接发包建设工程备案尚未办，安全监督证明也没有，怎么办？”女孩说：“可以变通一下。你们公司可以自己出个证明文件，证明安全监督手续正在办理之中。”

“谢谢。我立即回公司，照此办理。”

下午将质量监督站窗口要求的资料全部备齐，委托单敏送到质量监督站窗口。

2017 年 4 月 21 日
星期五　多云

下午，市建设工程质量监督站派出质监员小李来工程现场踏勘，告知可于下周一下午去质量监督站取监督号。

申请建设工程备案

2017 年 3 月 20 日
星期一　小雨

查阅网上办事指南，建筑工程施工许可证核发的条件之一是中标合同备案。中标合同备案的前提条件之一是持有市招标投标管理办公室核发的中标通知书。

与市行政服务中心分管招标投标的副主任也有一面之交。电话接通这位朋友，先自我介绍，然后咨询：“民营企业通过自主议标程序选择了施工方，发了中标通知书，也签订了施工合同，要不要去招标投标管理办公室备案？”这位朋友告诉我：“民营企业可以直接发包，但直接发包建设工程必须备案。备案完成后，中标通知书必须由招标投标管理办公室依据直接发包建设工程备案的内容核发。”

直接发包建设工程备案需要提交哪些材料？我专程去这位朋友的办公室咨询。朋友说：“申请直接发包建设工程备案很简单，按要求提供备案材料，由招投标管理办公室核发中标通知书就可以了。”我说：“我们公司已经向施工方发出中标通知书了。”他说：“中标通知书必须由招投标管理办公室发出方为有效。”说完，他打电话叫来招标投标管理办公室郝部长。

郝部长当面给予指导并给了我一张建筑工程直接发包备案登记表和一张直接发包备案审核资料目录，要求我将备案申报材料先完成网上提交，网上通过后再提交纸质材料。

郝部长表态：申报材料一旦齐全，当天就可以办结。

认真拜读了市招标投标管理办公室提供的直接发包备案审核资料目录，建设单位直接发包建设工程报送备案应当提交以下材料：（1）直接发包备案登记表；（2）建设单位法定代表人身份证明及授权委托书；（3）投资项目备案文复印件（需提供原件备核）；（4）建设工程规划许可证复印件（需提供原件备核）；（5）抗震审查批准书、施工图纸审查合格证书复印件（需提供原件备核）；（6）公司章程复印件（需提供原件备核）；（7）有编制资质单位编制的标底原件（加盖编制单位印章、造价师章）；（8）编标委托合同原件。此外，还需提供施工单位的以下资料：（1）企业营业执照复印件（需提供原件备核）；（2）资质等级证书复印件（需提供原件备核）；（3）项目经理证书、B类证复印件（需提供原件备核）；（4）施工安全生产许可证复印件（需提供原件备核）；（5）工程预算报价原件（加盖本单位印章、本单位本专业全国造价员章）；（6）企业信用管理手册复印件（需提供原件备核）；（7）向建管处缴纳的农民工工资保证金收据复印件。注：所有的复印件需加盖公司印章。

哇……这哪里是什么备案？备案申报资料与委托招标申报资料几乎没有什么区别。

直接发包备案登记表上必须填写拟定的施工方名称、资质及资质证书编号，并分别填写拟定的施工方项目负责人、技术负责人、质量管理员、项目施工员、安全管理员的姓名和资质证书编号。

与我公司签订施工合同的施工方在建工程有多个，总公司现有的项目负责人、技术负责人、质量管理员、项目施工员、安全管理员都已经安排在其他建设项目工地上，按照“项目负责人、技术负责人、质量管理员、项目施工员、安全管理员不得同时在两个以上工地”的备案规定，在建设项目尚未竣工验收合格前不能从备案网上撤下来。因此，施工方到目前为止尚未能组建成符合直接发包备案条件的施工班子。

施工方尚未能形成施工班子就意味着直接发包备案登记表无法填写完整，直接发包备案登记表填写不完整就无法备案。我立即与施工方电话联系，要求施工方立即按要求组建施工班子。

2017 年 3 月 22 日
星期三　小雨

直接发包建设工程申请备案有没有必要委托有编制资质的单位编制标底？有没有必要签订招标代理委托合同？

郝部长说：“没有办法。直接发包备案必须先在网上申报。网上申报必须委托有资质的招标代理机构，否则，网上申报系统打不开。只有招标代理机构有网上申报密钥。”

这就意味着：公司请朋友编制的两份工程造价预算都无效，必须重新委托招标代理机构编制。

“委托编制标底能不能省了？”我咨询郝部长。回答：“省不了。否则，网上申请就通不过。”

我说：“我们公司议标时有标底。标底也是请专家编制的，只是未加盖编制单位以及造价师印章。”郝部长回答：

“有标底也不行，因为标底未加盖有编制资质的编制单位印章和造价师印章。而且，直接发包备案必须先网上申请。网上申请必须有密钥。密钥只有招标代理机构才有。说白了，网上申请必须委托招标代理机构才能实施。”

没有捷径可走，只得花钱委托招标代理机构重新编制标底。

招标代理机构看了公司老总请外地朋友搞的预算，说：“依据外地公布的建筑材料价格编制的预算不能作为本地编制标底的依据，需要重新按本地建设部门公布当时的建筑材料价格预算工程造价。”

我问：“重新编制预算和标底要多长时间？”代理机构回答：“最快也得两个星期。”

2017 年 4 月 5 日
星期三　小雨

标底编制完成了，但施工方的施工班子还是未组建到位。

已经催办多次了，没用。

建筑安装总公司办公室负责人说：“有一个建筑工程这两天就安排竣工验收了，施工班子的组建再等几天吧。”

2017 年 4 月 27 日
星期四　多云

昨天上午 10 点拿到施工方的施工班子成员名单以及项目负责人、技术负责人、质量管理员、项目施工员、安全管理员资质证书原件，立即将项目负责人、技术负责人、质量管理员、项目施工员、安全管理员姓名和资质证书编号填写在直接发包登记表上。11 点赶到招标代理机构，提供直接发包所需的申报材料原件，委托直接发包备案网上申请。具体经办的陈工称：“下午要参加考试，明天上午再来吧。”

今天 8 点 30 分早早赶到招标代理机构。

陈工打开市招标投标管理办公室网，在电脑上插上一个

U 盘（也许就是招标投标管理办公室郝部长说的“密钥”），根据我提供的资料填写网上申报表，按申报要求上传建设项目备案文、规划许可证、建设单位营业执照等扫描件，1 个小时不到，填报完成，提交成功。

我约施工方代表立即赶到招标投标管理办公室，并找到郝部长：“网上申报已经提交了。”

郝部长带我们到一位女士的办公室。这位女士查看了我提交的纸质申报资料：“资料齐全，但有三点不符合：第一，工程直接发包登记表需一式两份，而且都需要原件，招标投标管理办公室要在两份登记表上盖章，其中一份原件由招标投标管理办公室存档，另一份原件由建设方向建设项目质量监督机构提交，你只提交了一份，需再填写一份，加盖你公司印章后补交；第二，招标代理机构编制的标底中按 0.35% 提取住房公积金不符合我市实际情况，实际操作中该项不取费，应当剔除该项取费；第三，中标单位的标书中仍按 3.51% 的税率提取不符合现行规定，营业税改增值税后应当按 11% 计提。”

我同这位女士协商：“能不能再提供一份空白的直接发包备案登记表，我参照已填写的那份填写一下，招标投标管理办公室先盖上章，我再带回我们公司补盖上印章，反正由我们公司带回去提交给建设项目质量监督机构；至于标底、标书缺陷，能不能忽略，因为中标人已经确定，中标合同也都签好了，工程已经施工了。”

那位女士说：“再给你一份空白的直接发包备案登记表没问题，但必须是你们公司先在申请表上盖好章，招标投标管理办公室才能审核盖章。而且，标底、标书缺陷是必须修正的。”

我请来郝部长。郝部长问了情况，解释：“标底、标书缺陷是必须要纠正的。反正是花钱委托编制的，让编制单位重新调整一下再送来吧。”

那位女士提醒：“下次再来时，将你公司的印章带来备用。”

施工方的投标书是施工方自己编制的，电子档应当还在电脑上，标书上的税率缺陷由施工方拿回去调整、重新打印、装订都没问题，只要调整后的报价与原来的标书报价基本相符就可以了。好在施工方代表也在场，可以拿回去按要求修正并重新打印、装订。问题在于：我公司的标底是委托编制的，必须找标底编制机构才能调整数据。

回到公司，立即电话联系受我公司委托帮我公司编制标底的中介机构的小陈，要求按照招标投标管理办公室的意思，将住房公积金取费项目调整为 0，想办法在其他科目中增加相应的金额，标底总价必须与原标底总价相符，因为网上已经填报通过了。而且，只要标底总价与原标底总价相比未有变化，就不需要招标代理机构重新在网上填报。

小陈问：“住房公积金不取费，调减的数字加到哪个科目上？”我回答：“你认为加到哪个科目上比较合理就加到哪个科目上，你做主，只要标底总价不变就行了。”

小陈在电话里说：“住房公积金不取费，标底总价又必须与原总价相符，所有的数据都必须改动，很麻烦的，可能要到五一小长假以后才能调整好。”我回答：“你尽量抓紧时间吧。拜托了！”

丢下电话，琢磨：招标投标管理办公室那位女孩不就是看了标底上的造价汇总表吗，她又没仔细看各科目的明细，改一下标底上的造价汇总表不就可以糊弄过去了嘛！

于是乎，仿照造价汇总表的格式用电脑重新画了一张，自己动手将住房公积金取费科目一栏改为零，将住房公积金取费额加到其他费用科目中，其余科目数字不变，总造价分文没有变化。分项科目明细未作调整，招标投标管理办公室那位女孩应当不会核查那么仔细。

2017 年 4 月 28 日
星期五　晴

今天下午 3 点，将我公司修改了造价汇总表的原标底设计书重新装订好，连同施工方调整后重新装订的标书，再次提交给招标投标管理办公室那位女孩。

女孩又看了标底中的那张造价汇总表页，重新检查了施工方的标书："行，没问题了。"然后打开招标代理机构网上填报的内容核对，在网上输入了些数字，要求施工方将施工项目经理资格证书原件交给招标投标管理办公室质押，然后告诉我："可以了，请将纸质材料拿到窗口去办理。"

到了窗口，郝部长亲自服务：网上填写中标通知书信息，打印一式三份，要求先由建设方法定代表人签字，加盖建设单位印章。

公司印章带来了，但公司法定代表人没来。

郝部长说："可以代签。"

电话接通我公司法定代表人："中标通知书需要法定代表人签名，我可以代签吗？"

得到公司老总的电话许可，我在中标通知书上签了公司法定代表人的名字。

按照招标投标管理办公室的规定，直接发包建设工程备案要收取综合服务费。综合服务费向发包方、中标方分别收取。

我找到我的老朋友："综合服务费可以不收吗？"老朋友

说：“现在招标投标管理办公室已经脱离了住建局，直接归我管，我说了算。老兄的事，难得找到我，不收你的了。”

老朋友亲自到窗口，找到郝部长：“老朋友的综合服务费就不收了。”

郝部长问：“施工方的还收不收？”说这话时，正好施工方代表也在场。

老朋友看了看施工方代表：“算了，都不收了。”

终于拿到了中标通知书。

中标通知书上的中标范围和内容、中标价、中标工期、中标面积、中标质量标准等内容与我公司已经向施工方发的中标通知书相同，但中标日期变成了 2017 年 4 月 28 日。

施工方代表要求给他们一份中标通知书。我思考了一下：我公司与施工单位签订的合同工期是从 2017 年 3 月 18 日到 2017 年 8 月 18 日，不能从现在起算，因此回答：“我公司已经向你们发过中标通知书了，这份备案的中标通知书只是为了走程序，由我们公司存档。”

施工方代表说：“我们要有一份，而且要根据中标通知书编号从网上打印中标合同。”

我回答：“中标合同也早就签过了。”郝部长插话：“中标合同是应当申请网上备案的。而且施工合同主要内容必须以我们发的中标通知书上的内容为准，中标合同格式也要以网上下载并且有编号的为准。”

我说：“那，我们就从网上下载一份合同，重新签订一份应付程序的施工合同。”

施工方代表说：“你们没有密钥。你们不可能从网上下载到有编号的中标合同。总公司有密钥，总公司可以根据中标通知书编号下载中标合同。而且，网上下载的中标合同经甲乙双方签字盖章后，施工方必须以此合同为标准合同才能申请施工合同备案。”

我说：“你可以就该中标通知书拍照。不管怎么说，我公司与你公司的合同，必须以中标当时已经签订的合同为准。”

施工方代表对着中标通知书拍照，说是回去向老板汇报。

申请施工合同备案

2017 年 5 月 2 日
星期二　小雨

忽然想起：招标代理公司有招标投标网填报密钥。

上午一到办公室，立即与招标代理公司联系：“能不能帮我们从网上下载带有编号的中标合同文本？”回答：“中标合同需要在网上填写方可形成。代理公司的密钥只能用于招标代理活动。中标合同网上填写必须是有资质的施工方在网上填写后方可下载。”

看来，施工方代表说的没错。

电话与建筑总公司办公室联系上。总公司要求我方带着招标投标管理办公室备案过的中标通知书去总公司办理施工合同备案。

下午去了总公司。将招标投标管理办公室核发的中标通知书交一份给总公司。

总公司指定办公室的小李办理。

小李接过经备案的中标通知书说：“中标通知书是要上传给建设工程管理处的。”说完，打开建设工程管理处网站，用密钥进入施工合同备案栏，用我提供的建设工程项目登记表上的项目编码打开带编码的施工合同文本，根据中标通知书上的中标时间、中标价等信息，在网上填写中标合同。

网上的中标合同是格式文本，条款不得变更，基本内容不得更改，只能在预留的空白处“填空”。

我说：“施工合同早就签订好了。还是用签订的那份施工合同备案吧。”小李回答：“签订的那份施工合同没有网上下载码，与规定的格式合同内容有差异。必须根据招标投标管理办公室核发的中标通知书内容重新填写在下载的格式合同上。否则，备案通过不了。”

只得按小李说的办。

发包方单位信息、监理方单位信息需要我提供。我必须在电脑旁随时根据小李的需要提供相关资料。

忙碌了一下午，施工合同网上填写接近尾声，但填写的信息保存出错。白忙了一下午。

看来，今天忙不下去了。

我与小李闲聊了起来：“中标通知书上填写的施工方项目经理、技术负责人及其他技术人员怎么没见过？是你们总公司的人员吗？”回答：“我们总公司仍保留着机关事业编制性质，人员编制有两种，一种是机关事业编制，另一种是国有企业编制。登记在你们研发楼工程的这位项目经理是机关事业编制，资格证书留在我公司，公司保留他的事业编制性质，他个人重新组建了一个自己的施工队伍，基本不来总公司上班，所以你没见过。”

我有意问：“像项目经理这样将证书质押你们总公司，实际不在总公司上班的还有吗？”回答：“大多数取得资格证书的技术人员都是将资格证书质押在总公司，本人不在总公司上班，但总公司必须给他们缴纳社会保险费。”

与原施工合同相比，合同中标价没变，总的施工工期没变，但工程款结算方式变了，开工和竣工日期变了：网上的中标日期为 2017 年 4 月 28 日，中标合同下载日期为 2017 年 5 月 2 日，中标合同签订日期为 2017 年 5 月 4 日，比原来签订的合同开工日期、竣工日期分别推迟了 1 个月又 16 天。

如何与工程形象进度相符？我问小李："备案合同与之前签订的施工合同不一样，通常是怎么处理的？"小李说："几乎没有一家建筑工程中标合同是与实际签订的施工合同相符的。中标合同备案都是应付程序，通常都以原施工合同为准。"

我提出："甲乙双方应当就合同效力签订一份补充协议。"小李请示总公司领导，表示同意："根据我们领导的意见，就由施工方总公司单方写一份说明吧：以在先签订的那份施工合同为准。"

小李当场写了一份关于以原施工合同为准的说明，盖上施工方总公司印章交给我。

小李告诉我："中标合同网上填写完成后，必须预下载并打印一份，甲乙双方签名、盖章并扫描上传到网上，建设工程管理处审核通过后方可重新下载并打印经主管机构确认的合同一式八份，由甲乙双方法定代表人签名、加盖单位印章，再由施工方将 8 份施工合同送建设工程管理处见证盖章方为有效。"

2017 年 5 月 3 日
星期三　阴

单敏送来已由施工方总公司加盖了印章的施工合同备案资料，包括甲乙双方共同授权委托书、建设工程合同备案登记表、专用条款备案表、建筑工程施工合同文本各 1 份，要求我方盖章后交由建筑总公司扫描并上传到网上待审查。

根据乙方的要求加盖公司印章，交给施工方。

2017 年 5 月 12 日
星期五　小雨转多云

施工方送来带有合同验证码、备案码且盖有市建设工程管理处合同备案专用见证章的施工合同。该合同格式文本由建设部、国家工商行政管理总局制定，一式 8 份，甲乙双方各执 4 份。

甲乙双方都因此持有两份内容不一致的施工合同。

该合同文本与 3 月 2 日甲乙双方签订的合同文本差异很大，主要体现在：

1. 开工竣工日期：原合同开工日期是 3 月 18 日，竣工日期是 8 月 18 日（与实际相符）；现合同开工日期是 5 月 6 日，竣工日期是 10 月 2 日（与实际不符）。

2. 合同价：中标价未变。但是，原合同为不变价，现合同“当施工期间第一类建筑材料价格上涨或下降幅度 10% 时，超过 10% 部分的差价由发包方承担或受益；当工程施工期间第二类主要建筑材料价格上涨或下降幅度超过 5% 时，超过 5% 部分的差价由发包人承担或受益”。从字面上理解，建筑材料价格为可变价格。

3. 付款方式：付款节点与原合同差异很大。

申请建设工程防雷装置设计文件审查

2017 年 4 月 5 日
星期三　小雨

防雷装置设计文件审查也是施工许可证核发的前置条件之一。

今天专程去行政服务中心气象窗口咨询防雷装置设计文件审查条件。

气象窗口工作人员相当客气，提供了防雷装置设计审核申请表和一份办事告知单。

依据告知单，防雷装置设计审查需提交的申报材料包括：（1）防雷装置设计审核申请表；（2）设计单位资质证书和设计人员资格证书复印件；（3）防雷装置施工图设计说明书；（4）施工图设计图纸及其电子文档；（5）设计中所采用的防雷产品相关资料。

工作人员告诉我："申请资料全部准备好之后，拨打告知单上李科长的电话。"

防雷装置设计审核申请表我可以根据要求填写。设计单位资质证书和设计人员资格证书需设计单位提供。

我立即电话通知设计单位准备。

防雷装置施工图设计说明书应当在设计的图纸上有，施工图设计文件及其电子文档有现成的。设计中所采用的防雷产品相关资料不知道指的是什么资料。

2017 年 4 月 11 日
星期二　晴

防雷装置设计审查申请表填写完毕，附件材料也已按要求准备。

依据防雷装置设计审查告知单上面的电话，联系到气象局李科长。

李科长问："申请资料都齐全了吗？"我回答："都齐全。"

李科长说："你将全部申请资料送到气象局来，我现在不在，你下午来。"

下午 1 点 30 分，我将防雷设计审查申请表及附件材料送到气象局。

李科长还没到。打电话与李科长联系上。李科长让我在大厅沙发上坐会儿，一会儿就到。

等了约 20 分钟，李科长到了。

李科长收下了我提交的申请表和施工图纸，将其他附件材料交还给我保管，要求我下次正式办手续时再带过去。

我说："还缺一份防雷产品资料，也不知道防雷产品资料是指什么资料。"李科长回答："防雷产品资料现在不需要，待图纸审查完毕后，需要签订一份合同。"李科长还特意强调："图纸审查费就不收了。"

我问："订什么合同？"李科长回答："防雷设施安装合同。"

我问："防雷设施是指什么设施？"李科长说："主要是防雷器。"

我问："防雷器什么式样？能不能告诉我们型号，我们自己去买。"李科长说："你们买的可能是仿制品。仿制品通过不了验收。我们可以提供专门安装的单位。"李科长边说边展示两款防雷器，向我推介。

我看那防雷器，大小与家用电表差不多。

李科长指着左边的一只说："这只防雷器质量好但价格也高，每只 5000 元。"

我问："那只呢？"李科长说："这只是普通的防雷器，每只 800 多元。"

一只电表只要几十元钱。这防雷器值那么多钱吗？心里在想，但没说出来。

我又问："我们研发楼一共要安装多少只？"回答："6 只。"

我说："请帮我们按最低价格设计安装。"李科长说："那当然。"

2017 年 4 月 18 日
星期二　晴

防雷设计审查申请提交一个星期了，没接到气象局的电话。

电话与李科长联系上，咨询进展情况。

李科长给了我另一个电话号，让我与一位姓刘的工程师联系。

刘工程师在电话里说："需要签订一份协议，请告知电子邮箱，将协议电子稿发给你。"

我问："协议是什么内容？"刘工程师回答："防雷器安装协议。"

我问："收费吗？"刘工程师回答："李科长给我打过招呼了，说你们公司属科技型企业，不容易，6 只表只收费 5000 元。"

我这才想起，李科长是说过防雷器应当由专业机构安装，顺口说道："我在李科长那里看过防雷器了，据说其中的一种价格有好几千元，另一种价格是几百元。我公司安装价格较低的那种就可以了。"刘工程师回答："已经考虑到你们公司的实际情况了，价格已经优惠了。"

我说："我同气象局局长是好朋友。价格能否再优惠一点？"刘工程师似乎思考了一下："那就收 3000 元吧，不能再低了。"

我将我的电子邮箱地址发给刘工程师。

刘工程师将一份填写好的产品销售合同发到我的邮箱，供方是一家五金机电销售中心，产品名称：电源防雷器及附件，6 套合计 3000 元。

收到五金机电销售商发来的产品销售合同电子稿，打印一式三份，在购买方落款处盖上公司印章，电话告知李科长："电源防雷器购买合同已经收到了，公司也盖了章。"李科长说："明天上午携带申报资料和付款凭证来气象局办理吧。"

2017 年 4 月 19 日
星期三　多云

上午赶到气象局，找到李科长。

李科长看了看产品销售合同，说："销售方盖章的事我负责，三份合同都放在我这里，待销售方盖章后给你们一份。"

正说着，李科长接了个电话。电话似乎是一位熟人打来的，问防雷装置设计图纸审查意见可以拿了吗。李科长电话里说："缺少防雷产品销售合同。"对方问："我们在市场上买，可以吗？"李科长回答："市场上销售的产品有可能是仿制的。我们提供的产品有合格保障。这样吧，你来气象局，我们有一个专业服务机构可以供货并且负责安装、检测防雷设施，你可以来与我们的专业机构先签订防雷产品供货协议，也可以一并签订防雷产品供货、检测协议。"

接完电话，李科长查看了我提交的全部申报资料，说："申报资料齐全，你可以到行政服务中心气象窗口取证了。"

我问："窗口怎么会知道可以打证了？"回答："我会电话通知窗口的，你去就行了。"

李科长让我将申报资料带给窗口工作人员。

我顺便问了句："防雷产品安装后还要检测吗？"李科长回答："防雷设施验收需要提供检测报告。"

我问："检测报告还收费吗？"回答："检测机构当然会收费，不过价格你们可以协商。"

我驱车赶到行政服务中心气象窗口。工作人员已经知道我是去拿证的。

一位女孩收下并查看了我提交的申报资料。不一会儿，防雷装置设计核准意见书拿到了。

委托白蚁防治

2017年4月26日
星期三下午，阴转多云

今年3月6日交纳审图费的同时交纳过白蚁防治费，与市白蚁防治所签订过白蚁防治合同，收到市白蚁防治所的一份白蚁预防工程开工通知和一份施工告知书。

白蚁预防工程开工通知是发放给签订委托白蚁防治合同的建设单位的，要求施工进展到下列情形时，应当提前3个工作日电话通知白蚁防治所实地进行白蚁防治：（1）基础至 ±0基槽回填土前；（2）地下室地坪找平层施工（无地下室的省略）前；（3）底层室内地坪垫层夯实浇筑混凝土或架空板前；（4）室外散水坡浇筑前；（5）木门窗安装前（无省略）。

施工告知书也是针对各建设单位的，主要内容如下：

1. 根据建设部令第72号《城市房屋白蚁防治管理规定》（2015年5月4日修正版）之规定，当工程进度达到以下阶段时，请提前3个工作日通知市房屋白蚁防治所进场施工：（1）只有1层地下室的基坑平整夯实、铺设水泥垫层前；（2）室内地坪回填土平整夯实、铺设水泥垫层前；（3）室外散水平整后、铺设混凝土前或者室外贴墙土壤回填到位、绿化种植前。

2. 注意事项：（1）室内地坪土壤及室外散水土壤平整夯实、未进行白蚁预防处理前，请勿浇筑水泥垫层；（2）施药后请不要马上到施药区域作业，也不要在施药区域内浇水、取土、动土或者再覆土，以免破坏药物屏障。

研发楼基础灌注已经结束，基础已经至 ±0 基槽，即将回填土。依据白蚁防治合同约定，3 天前电话通知白蚁防治所进行第一次用药。今天下午 2 点 30 分，白蚁防治所来了 4 位施工人员，带着 5% 联苯菊酯乳剂，进行基槽回填土前的白蚁防治。

喷药器械很简单：1 只约 300 升的塑料桶，1 台接有塑料长管的电动喷雾器。3 位施工人员负责塑料长管的移动，1 位施工人员对着开挖的基础四壁喷药液。不到半个小时，用药结束。

第一次用药完成，施工人员要求我公司代表在施工日记上签上施工日期和姓名。

施工日记签名后，要求我公司提供：（1）市发改委签发的建设项目备案文复印件；（2）市规划局签发的规划用地许可证复印件；（3）建设工程平面图纸、总平面图蓝图各一份。

带队的口头告知："通常情况下用一次药即可。到下一个环节可以直接施工，不需要再通知用药了。"

我问："不是应当用药 3 ～ 4 次吗？"回答："用一次就可以了，其他建筑工程通常都是用一次药。"

申请建设工程安全监督备案

2017 年 6 月 6 日
星期二　小雨

研发楼直接发包工程备案完成，取得市招标投标管理办公室核发的中标通知书，施工合同也已经完成备案，可以申请研发楼建设工程安全监督备案了。

建设工程安全监督备案申报指南中要求，安全监督备案需提供 15 类共 20 多项资料，包括：（1）建设工程安全监督档案手册（一式两份）；（2）施工中标通知书、施工合同、施工方企业安全生产许可证（提供原件核查，复印件留存，一式两份）；（3）施工方项目经理 B 证及建造师证复印件、专职安全生产管理人员 C 证等安全生产知识考核合格证书（提供原件，复印件留存，一式两份）；（4）工程监理单位人员单个项目备案表和建设单位安全管理人员花名册（需提供监理人员证件复印件留存，一式两份）；（5）施工现场安全管理网络及安全技术措施；（6）施工组织设计（需施工单位和监理单位审批、审核）；（7）危险性较大工程安全专项施工方案（需经专家审查论证的还需提供专家论证材料，论证材料提出需要修改专项方案的应进行修改，修改后的方案必须由施工单位和监理单位审批、审核）；（8）工程项目安全生产事故应急救援预案（包括综合预案、专项预案和现场处置预案）；（9）施工方特种作业人员证件（提供原件核查、复印件留存。架子工证不少于 3 本，每台塔吊至少提供 1 本司机证件和 1 本指挥司索证件），除架子工外其他特殊工种不得同时与其他在建工程报监材料重复；（10）施工现场 LBS 定位考勤人员申报表；（11）可能危及电力设施安全的施工作业审批表；（12）建设工程合同备案登记表；（13）乡镇（管委会）建设工程办理手续核准表（一式两份，由基层建管所办理核准手续）；（14）需要缴纳的费用：意外伤害保险、劳保统筹、农民工保险金、安全防护文明施工措施费（外地建筑企业进本市还需要缴纳信用保证金）；（15）建筑施工危险性较大的分部分项工程申报清单。

需要提交那么多申报材料，其中好多资料不知道如何形成，只得与施工方代表单敏分工：凡与施工方有关的，由单敏准备。

分头准备研发楼建设工程安全监督申报资料已经忙了一个多月。对照申报要求，大部分资料已经形成。

将建设工程安全监督备案纸质申报材料提交给窗口工作人员审查。窗口工作人员通过网上查询到：监理单位提供的总监理工程师已经在其他相关建设工程备案过了，不可以再在本建设工程项目上备案。因此，安全监督备案申请材料提交不了。

只得找监理单位。监理单位告知："公司现有的几位总监理工程师都备案在其他工程上，暂时还撤不下来，但有一个工程即将竣工。该工程一旦竣工验收完毕，就可以撤下一位总监理工程师来进行工程监理人员单个项目网上备案了。请你们再等几天。"

我同安全监督窗口协商："监理单位实际监理工程师姓姚，已经在工地监理多日了，能不能先予以安全监督备案？"窗口工作人员说："总监理工程师未落实，安全监督网上也通过不了。"

2017年6月13日
星期二　多云

监理单位更换的总监理工程师资质证书终于提供过来了。

按照申报指南要求，打开市建设工程管理处网站，注册并根据提示进行网上填报。

建设项目信息、建设方基本情况、勘测方基本情况、设计方基本情况、监理方基本情况都填写完毕，相关资格证书全部扫描上传了，监理方总监理工程师证书扫描件也有了。

施工方基本情况就不那么好填了，除要填写企业法定代表人、技术负责人、分管安全的负责人、项目经理的资质证和安全考核证号外，必须填写安全员、项目技术负责人的安全考核证号，全部证件也必须扫描上传。项目技术负责人只有执业资格证，没有安全考核证，网上申请怎么也过不了，施工方又找不到替代人员，怎么办？忽然想到：网上只要求填写项目技术负责人的安全考核证号，并未要求上传安全考核证复印件，参照其他人员的安全考核证号格式编一个证号如何？

试了一下，竟然保存通过了。

接下来填写特种作业人员信息，包括电工、钢筋工、架子工、塔吊司机、司索工等，一项不能少，要求姓名、身份证号与特种工证号、特种工扫描件上传资料一一对应，而且特种工证件不得在另一工程项目中重复使用。

昨天，网上填报完成、提交成功。

但是，初审不合格，被退了回来。原因是：施工方的安全员已经在其他工程项目中填报备案。

电话告知施工方。施工方找了个替换的安全员证。重新提交成功。

然而，网上申报复审又未通过，又被退了回来。网上提示，必须作如下修改：（1）监理方总监理工程师的资格证书扫描件不清晰，应重新扫描上传；（2）重新上传的安全员证也已经在其他工程项目上备案，应当更换安全员。

监理方总监理工程师的资格证书扫描件不清晰那好办，要求监理单位重新扫描发给我就行了。重新提交的安全员证也已在其他工程项目备案，只能通知施工方另想办法。

施工方又找了张安全考核证，发给我扫描件。我根据该安全考核证上的信息，更换了安全员姓名、身份证号、安全考核证号，重新上传了安全员考核证扫描件。

今天打开网页查看，网上审核通过了。

2017年6月14日
星期三　多云

施工方代表单敏已准备好施工方的纸质申报材料，足有4厘米厚。

我看了一下单敏准备的资料：（1）施工企业安全生产许可证、经备案的中标通知书、施工合同等复印件以及特殊工种人员资格证原件及复印件都是真实的，也不应当造假；（2）施工现场安全管理网络及安全技术措施、经施工方和监理方共同审核的施工组织设计、工程项目安全生产事故应急救援预案，似乎都是套用的，只是换了个工程名称和建设单位而已，部分内容与研发楼施工项目实际不符，漏洞百出。

管不了那么多了，安全报建备案能通过就行。

建设方的资料是我准备的。建设工程安全监督档案手册是根据设计方、勘察方、施工方、监理方以及建设方五方责任主体信息填写的，与网上填写的相一致，只是五方责任主体单位还没有盖章，我方安全生产承诺书、监理单位安全生产承诺书、施工单位安全生产承诺书也还没有盖章，也没有经单位法定代表人签名授权和项目负责人签名认可，建设工程办理手续核准表还没有送当地政府基层建设管理机构盖章核准。

昨天花了一整天，分别去五方责任主体单位盖章。各方都很配合，对在申报表上盖章也都很理解，只是法定代表人签名、项目负责人签名都有为难，各家说是“都是代签的，你们代签一下就行了”。没办法，只能找几个人分别代签。

今天又自我审核一遍，又忙了一整天。

对照申报指南，感觉基本符合纸质材料申报要求。

2017年6月16日
星期五 晴

上午刚上班，约施工方代表单敏一同去行政服务中心建设窗口。

负责安全报监的那位男孩很认真，翻看了申报的全部纸质资料，分别给建设方、施工方指出初审不通过的几个问题，要求7日内修改完毕。

建设方需要修改的主要内容：（1）监理合同可以不提交。但是，工程监理人员单个项目备案表未提供复印件也未提供原件备查。（2）可能危及电力设施安全的施工作业审批表未提供，应当补办。

施工方需要修改的主要内容：（1）施工现场安全管理网络及安全技术措施未见有施工方内部审批表、报批表；（2）施工组织设计方案只有监理单位的审批意见，未见有施工单位的内部审批意见；（3）缺少危险性较大工程安全专项施工方案及审批表、报批表，应当按照施工现场安全管理网络及安全技术措施、土方分项施工、模板分项施工、脚手架分项施工、临时用电施工等安全专项编制施工方案，而且各专项施工方案需分别提供由施工单位内部审批、监理单位审核和建设单位核准的报批表；（4）工程项目安全生产事故应急救助预案格式不符合要求，而且未按要求提供审批表、报批表；（5）缺少建筑施工危险性较大的分部分项工程申报清单；（6）施工现场LBS定位考勤人员申报表不需要提供；（7）安全防护文明施工措施费未缴存到建设工程安全监督机构监督使用，也未列明分项监督支付计划，相关费用缴纳情况需要由建设工程安全监督机构出具证明。

以上需要修改的内容，申报指南中都没有交代清楚。

我说：“施工现场LBS定位考勤人员申报表是办事指南上要求提交的，已经电信公司审核盖章了。”男孩说：“以我说的为准。”

我问那男孩：“安全防护文明施工措施费已经列入施工方包工包料费用中，依据合同应当由建设方直接支付给施工方，如何缴存到建设工程安全监督机构监督使用？”那位男孩解释：“该费用应当按工程造价的 2% 提取并缴存到建设工程安全监督机构，由建设工程安全监督机构监督使用。”

单敏问：“该研发楼建设工程应该没有危险性较大的分部分项工程吧？”那男孩回答：“怎么可能？只要安装塔吊、脚手架，就肯定有。”

为了进一步弄清楚申报程序，防止白忙一场，我约单敏一同赶到建设工程安全监督站进一步咨询。

建设工程安全监督站与建设工程管理处在一栋楼上办公。一位男士引导我们到了财务办公室。

财务办公室一位男士给我一张纸条。纸条上写着安全防护文明施工措施费交纳的开户银行户名、账号。

单敏问：“该笔费用暂存到这个账户，能够全部返还吗？”回答：“竣工验收后，找我们领导审批返还。”

我要求单敏抓紧完善安全监督申报需要补正的申报材料。

回来的路上，打电话给监理单位办公室的小卞，要求小卞提供工程监理人员单个项目备案通过的书面文件。小卞告诉我：“工程监理人员单个项目备案还没有申请，要到下星期才能有。”

我催促小卞抓紧备案。

2017 年 6 月 19 日
星期一　多云转阴，有时小雨

网上下载了可能危及电力设施安全的施工作业审批表，根据表式填写了建设单位名称、建设工程位置以及有无危及电力设施安全等信息。在周围电力设备分布情况一栏填入：

工程远离高压线路，施工单位用的是建设方自有的变压器，无任何危及电力设施安全的情形。

根据审批表上的提示，打电话与供电公司一位金先生联系上，请教两个技术问题：（1）危及电力设施安全的情形不存在，怎么填写？（2）审批表要求附施工现场平面图，该平面图有什么要求？金先生回答："没有危及电力设施安全的情形就填写没有两个字，施工现场平面图可以自己画张草图代替。"又问："表填写好了，直接送供电公司可以吗？"回答："先盖上申报单位的印章，一式四份，办好了送到我这里。"

审批表按要求一式四份，盖上我公司印章，驱车去供电公司找到金先生。

金先生说："今天审核不了，必须先送所在地建设工程安全监督站、基层电力管理所审核、盖章，所在地电力管理所还要派人去现场察看并签署意见，还应当附有临时用电方案。"

我说："这张表上没有注明要基层电力管理所盖章。"回答："基层电力管理所在有无危及电力设施安全的情形一栏签署意见并盖章。"

出了供电公司，先去建设工程安全监督站，请求在可能危及电力设施安全的施工作业审批表上审核并盖章。

2017年6月20日
星期二　多云

找到当地电力管理所。电力管理所办公室一位女士接待了我。

我说明来意。那位女士告诉我："要派片区电力管理员察看现场，然后才能盖章。"

当天下午电力管理所张工察看了施工现场，认为无危及电力设施安全的情形，同意我们去电力管理所办理盖章事宜。

我问："供电公司要我们提供临时用电方案。不知道临时用电方案是怎么回事？" 张工回答："这个建设工程用的电源是你们公司自己的变压器，周围又没有高压线路，不存在危及电力设施安全的情况。施工方可以安装个电表，建设方依据施工方用电量向施工方收取电费就行，不需要提供临时用电方案。"

我说："施工专用电表早就装好了。" 张工说："那就行了，向供电公司说清楚就行了。"

立即随张工一同去电力管理所办公室。张工在审批表有无危及电力设施安全的情形一栏写上"无"，办公室那位女士请示了所长，在审批表上加盖了电力管理所印章。

今天已经来不及再送供电公司了。

2017年6月21日
星期三　阴

今天分两头准备申报资料：我让公司的小李跑市供电公司、市发改经信委，申请办理可能危及电力设施安全的施工作业审批表审核、盖章手续，我负责与施工方代表耿禾清联系、落实向建设工程安全监督管理机构汇付安全防护文明施工措施费事宜。由于该笔费用应当从施工方总的承揽费用中扣除并汇付建设工程安全监督管理机构监督使用，所以必须在施工方代表耿禾清认可的前提下汇付。

耿禾清并非建设工程专业人员，也没有施工现场负责人的经验，对建设工程安全防护文明施工措施费的监督使用规定并不了解，称："需要咨询总公司洪总，因为你们公司支付的工程款直接支付给签订施工合同的总公司，总公司再拨付给我。"

等到下午 3 点，耿禾清来电话："总公司说了，有这么回事。同意在承包的工程款总额中按 2% 提取安全防护文明施工措施费汇付给建设工程安全监督机构。"

得到耿禾清认可，办理了公司内部付款手续，交公司财务部立即汇付。

另外，施工方需要进一步完善的申报资料也在紧张的准备之中。

小李去供电公司还是没能盖上章。供电公司负责审核的人员说："必须要有临时用电方案。"

临时用电方案怎么编制？有没有具体要求？我打电话咨询了供电公司的具体审核人员。对方回答："找施工单位编制，他们知道如何编制。"

我立即找到施工方现场施工员小赵。

小赵打开电脑，有套用的临时用电方案，改一下工程建设单位名称和建设工程概况就成了。

打印的临时用电方案共 34 页，但现场盖不了施工单位印章。如果一定要盖章，必须找到建筑总公司洪总签字。今天肯定办不了。

我又打电话问供电公司承办人员："临时用电方案没有施工单位的盖章，可以吗？"回答："只要有就行，盖章不盖章无所谓。"

2017 年 6 月 22 日
星期四　小到中雨

今天，为防止临时用电方案因未盖章被退回来，盖上我们建设方的公司印章，亲自跑供电公司。

供电公司大门不让外来车辆进入，只得在路边找个停车位停下车，冒着大雨穿过宽大的供电大楼门前广场，进入大楼，在第二层找到具体承办人员。

承办人员正在边玩电脑边看手机上的小品。

“你好！又来麻烦你了。”说完，将建设工程安全监督站、基层电力管理所分别盖过章的可能危及电力设施安全的施工作业审批表、施工现场平面图一式四份及临时用电方案一并交给具体承办人员。

承办人员见到了临时用电方案，翻也不翻一下，用潦草得很难看得清的字在审批表上的供电部门意见一栏签上“建筑物在电力设施保护区外”字样，去办公室盖上供电公司安全监察质量部（保卫部）印章，留下临时用电方案和 1 份审批表，将剩余 3 份审批表以及 4 份现场平面图交给我，指点我去行政服务中心发改经信委窗口办理审核盖章手续。

我心口不一地连连说“谢谢、谢谢”。

驱车赶到建设工程安全监督站会计室，请求出具建设工程安全防护文明施工措施费已经汇付的凭据。会计说：“请出示汇付凭证。”

我说：“汇付凭证要到银行去取。能不能帮我们查一下该款是否已经到账？”回答：“该款是否到账是可以查，但你必须出具银行的汇付凭证。”

没办法，只能找到银行，请求打印汇付凭证。

拿到了建设工程安全防护文明施工措施费已经汇付的收款收据，考虑到原件要交公司财务入账，应当将复印件交安全监督窗口。

安全监督站没有熟人不给复印，只得借用隔壁楼上的监理单位复印机复印。

大概下午 4 点赶到行政服务中心，请经信窗口主任在可能危及电力设施安全的施工作业审批表中的经信部门意见处审核并加盖印章。

经信窗口主任二话没说，立即在审批表上签署“同意”并签上名，加盖了经信局行政审批专用章，留下一份存档。

施工方代表单敏的资料也准备好了，按约也到了行政服务中心。

建设窗口负责建设工程安全监督申报资料接受的那男孩又一次检查送审的资料，再次提出“不符合要求”。

建设方的下列资料不符合要求：(1) 虽然有施工合同备案表，但施工合同复印件只复印了合同首页、第二页和甲乙双方签名、盖章页，施工合同其他内容未复印，不符合要求；(2) 虽然有监理合同网上备案表，但备案的两名监理工程师与申报表填写的不一致，需要修改申报表并重新提供在网上备案的监理人员资格证书复印件。

确实，提交的施工合同复印件是经备案的那份，只复印了合同首页、第二页和甲乙双方签名并加盖了印章的合同协议书部分，余下的是专用合同条款部分和保修协议部分共 34 页，而且大多是共用条款，所以未复印。立即取出随身携带的经备案的施工合同原件，去行政服务中心办公室复印后夹进申报资料中。至于监理合同备案时更换的 2 名监理证书复印件，打电话让监理方重新提供一下。再跑一趟无所谓，只要能办成事。

施工方的下列资料不符合要求：(1) 施工组织设计及其他需要由施工方内部审批的表式都不是规定的表式，需要按规定的表式重新填写、审批；(2) 施工方内部审批时在内部审批表上签名的人员不符合要求，需要由规定的审批人签名；(3) 由于监理合同备案的现场监理名字变了，原来由现场监理签名的所有审批表需要重新审批并由经备案的监理签名。

审查员补充说："建设方可以不来，只要将变更登记后的监理人员资格证书复印件给施工方，由施工方将报建资料完善后一并送来就行。"

2017 年 6 月 26 日
星期一　多云

下午，建设工程管理处来了 4 名工作人员察看施工现场，严厉指出施工方、监理方在安全防范措施方面的不足，发出加盖了市住房和城乡建设局印章的停工通知书，认定研发楼建设项目属未取得施工许可证的违法施工项目，已涉嫌违反《建筑法》《建设工程安全生产管理条例》《建筑工程施工许可管理办法》等法律、法规、规章的有关规定，责令立即停工，要求施工方在接到本通知书之日起 5 日内携带办理施工许可的相关材料到建设工程管理处接受调查处理，并办理建筑工程施工许可证。

这就意味着：建设工程管理处已经启动了行政处罚程序。

2017 年 6 月 27 日
星期二　多云转阴，中午阵雨，雨量大

公司老总只得再次请建筑总公司洪总分别向建设工程管理处、安全监督站领导通电话、打招呼。

昨天下午，施工方代表单敏从行政服务中心打来电话，说是还有一份申报资料上签名的监理与监理合同备案的监理名字不一致，要我与监理公司打个招呼，然后她去监理公司请求以监理合同备案的监理人员名字重新签名并盖章，明天再送到行政服务中心窗口。

我提示："你代监理签个名也一样，反正是应付程序。"单敏回答："我只能代施工方项目经理签名，不能代监理方签名，而且要监理公司重新盖章，必须要去一趟监理公司的。”

又一次电话找到行政服务中心的朋友。朋友帮我找到建设窗口具体承办人员，要求窗口变通办理。

朋友来电话了，窗口可以变通处理。

我立即电话告诉单敏：“窗口同意变通办理，你再去窗口一趟。”

不一会，单敏又来电话：“去过窗口了，具体办理的人不在，旁边窗口的人说是下乡看现场去了，还是办不成。”

我叮嘱单敏下午再去。

2017 年 6 月 28 日
星期三　阴，闷热

为防止再出意外，施工方代表单敏昨天下午还是去了监理公司补签名、盖章，当天下午没来得及去行政服务中心。

今天上午，为确保纸质材料报送成功，我又一次约单敏一道去行政服务中心建设工程安全报建窗口。

我说：“不好意思，又一次来打扰了。”

受理的那位男孩请我们坐下：“别客气。”说完便认真地又一次检查申报资料的完整性。

我说：“大概你们窗口人员的工作牌还没做好，你们上班也没有挂牌。跑了几趟，还不知道你姓什么。”那男孩回答：“我姓陈。”

小陈没再对第 3 次申报的纸质材料提出质疑，收下了。

小陈告诉我们：“下面分两步走。第一步，由建设工程管理处核实安全防护文明施工措施费、农民工保证金等相关费用交纳情况后，开通该项目安全监督内部审核网上流程，我们窗口方可在网上点击提交，再由建设工程管理处审核通过后，由我们窗口打印证书。第二步，必须先察看现场再正式受理，去现场察看的时间由我们科长决定。”

我说：“我们持有建设工程管理处出具的收款收据和发票，不欠费用。”回答：“必须由你们向建设工程管理处提交不欠费的依据，经核实后才会开通内部审核网上流程。”

单敏说：“我有建设工程管理处财务室电话。”

我打通了建设工程管理处财务室电话：“你好！咨询一下，我们的安全防护文明施工措施费、农民工保证金等费用都交纳了，我将交费凭证号报给你，能不能帮我们开通内部审核网上流程？”对方回答：“不行。必须带凭证来我们财务室办理。”

我说：“协商一下，凭证号报给你，帮我们办一下，可以吗？”回答：“我们开出去的收款凭证太多，查不了那么多，必须来一趟。施工方还得按每个工程项目分别交纳 500 元其他费用才能开通。”

我说：“什么费用？”回答：“电话说不清。来了就知道了。”

我问窗口的小陈：“还有什么费用？”回答：“不清楚。没听说过。”

与其他窗口一样，小陈也没给我们受理通知书。

我找到窗口科长：“市住房和城乡建设局已经发出停工通知书，要求在 5 日内办理施工许可证手续，否则可能面临执法大队现场的处罚”，请求尽快去施工现场察看，并承诺：马上去建设工程管理处申请网上程序开通。

科长同意明天下午去现场，要求我通知设计、勘察、施工、监理等五方责任主体项目负责人必须到场。

离开行政服务中心，还没到下班时间，与单敏一同再次赶到建设工程管理处财务室，将相关费用已经交纳的收据复印件交给财务室。

财务室会计给单敏一个账号，要求单敏去银行交纳 500 元安全宣传画费。

单敏说："没带钱。"

我打电话与施工方耿禾清联系上，说明情况，问："该款规定应当由施工方交纳。我带着钱，可以先垫着。让单敏去银行交，可以吗？"回答："好的。"

单敏交费回来。会计开出发票。发票上的收费项目为"其他费用"，备注为"安全施工宣传画"。

那位会计指引单敏去对门的科长那里，告知科长"费用已交纳，可以网上提交"。

科长打开网页，点击提交，告诉我们："我已经提交了。需要等待住建局分管局长审核。"

2017 年 6 月 29 日
星期四　阴，闷热

根据行政服务中心安全监督报建窗口科长定的时间，我发短信通知设计、勘察、施工、监理等各方责任主体负责人于今天下午两点派项目负责人到现场。

到了中午，行政服务中心安全监督报建窗口科长来电话："到现场的时间推迟到今天下午 4 点。"

我立即又以电话和短信的方式通知各责任主体负责人：到现场的时间改为今天下午 4 点。

下午 4 点，勘察方没来人，设计方来了一名设计人员，监理方总监理来了，建设方项目经理也没来。

施工方代表耿禾清向科长打招呼："项目经理今天有特殊情况，来不了现场，我代表了。"说完，又是倒茶，又是发烟。

行政服务中心安全监督报建窗口科长问了基本情况，要求五方责任主体项目负责人分别在建设工程现场安全监督告知书第五部分签名并留下联系电话。建设方、监理方项目负责人签名是真实的，设计方项目负责人由来人代为签名，施工方项目经理由施工方代表耿禾清代为签名。

行政服务中心安全监督报建窗口科长要求我将签名页送未到场的勘察方项目负责人签名后，送建设工程管理处盖章，然后送回窗口。

我打电话给勘察方，勘察方似乎有意不接电话。没办法，只得代勘察单位项目负责人签名，交施工方代表单敏送建设工程管理处审核并请求加盖安监机构的印章。

2017 年 6 月 30 日
星期五　午后阵雨

下午 4 点，施工方代表单敏在建设工程管理处打来电话：“建设工程管理处不肯盖章，说是安全报建窗口负责人给他们打个电话才可以盖章。”

我让小刘别离开，立即拨通行政服务中心安全监督报建窗口科长的电话，说明情况。

科长告诉我：“现在不在窗口。我马上给窗口的小陈打电话，让小陈给建管处打电话。”

单敏等到下午 4 点 40 分，电话告诉我：“窗口没给建管处打电话。建管处快下班了，怎么办？”我说：“你别离开，我再给行政服务中心安全监督报建窗口科长打个电话。”

单敏说：“办事人员说了，应当由安全监督现场察勘的当事人送来盖章。现场察勘人员到现在连个电话也没打过来，这章不可以盖。”

我打电话告诉施工方代表耿禾清，看他是不是认识建管处盖章的人。过了 10 分钟，他来了个电话："不认识建管处负责人。"

我又一次拨通科长的电话。科长告诉我："已让小陈打电话了。"我说："能不能把小陈的电话告诉我，我再与小陈联系。"回答："马上发给你。"

电话与小陈联系上了。小陈告诉我："已经与建管处孙科长打过电话了。让办事的人找一下孙科长就行了。"

再拨通单敏的电话，让单敏去找一下孙科长。

已经到了下午下班时分。

2017 年 7 月 3 日
星期一　多云，闷热

上午，单敏来电话："建管处盖好安全监督印章的安全监督报建申报材料已经送到行政服务中心安全监督窗口，但窗口没有人，可能又去现场了。申报材料放置窗口了。"

下午，单敏又来电话："行政服务中心安全监督窗口电话告知我，已经受理并且已经网上提交，等待建设工程管理处领导审核。"

2017 年 7 月 5 日
星期三　多云，局部阵雨

下午接到行政服务中心安全监督报建窗口电话："安全监督报建已经通过，可以去建设工程管理处交纳打证工本费，每证 300 元，然后去建设工程管理处 5 楼取证。"

申请建设工程质量监督登记

2017 年 6 月 21 日
星期三　阴

虽然已经在先变通取得建设工程质量监督号了，但建设工程质量监督登记还必须先在网上补申报。窗口工作人员说过，“网上申报未通过的，质量监督登记证打印不了。”

根据质量监督登记申请指南，打开省建设工程质量监督网站，点击工程报建，出现网上填报的主要内容：（1）工程概况；（2）建设、勘察、设计、施工、监理五方责任主体单位基本信息；（3）项目经理、技术负责人、总监理工程师等五方责任主体技术责任人信息；（4）投资项目备案文、建设工程规划许可证、审图合格证等相关资料扫描件上传。

根据网上提示填写多次了，一直未能完成网上申报，不是因为填写的信息保存不了，就是因为电脑没有响应，或者被提示“上传的扫描件超过了 2M”，或者被提示“申报的工程名称已经存在”……

咨询窗口工作人员，回答：“可以根据网站上下载的申报须知上的提示，咨询网上申报系统管理人员。”

根据申报须知上的提示，电话与省建设工程质量监督网站网上申报系统管理员联系上。

管理员通过远程控制操作查找原因，指导我网上申报。我根据申报系统管理员的提示重新填报，还是保存不了，仍然提示：工程名称已经存在。

不一会，网上申报系统管理员告诉我：“研发楼工程名称已经被其他申报单位在两年前就登记了，不能以相同的工程名称申报。”

我问：“我们的工程名称是经过建设项目备案、规划许可、施工图纸审核通过的，应该是不可更改的。”该网站客户服务人员说：“可以变通处理，在该工程名称后面加上 1# 字样。”

根据网站客户服务人员的指点，网上填写的内容终于提交成功了。

网上显示：等待审核中。

2017 年 6 月 28 日
星期三　阴，闷热

上午去行政服务中心提交建设工程安全监督报建纸质材料时，顺便咨询隔壁的质量监督窗口："质量监督网上申报已经提交一个星期了，还没有审核，怎么办？"回答："你们这个工程的质量监督号是两个月之前就向建设工程质量监督站申请过的，已经有了备案号，你只能去质量监督站申请办理。如果是现在新申报的项目，我们行政服务中心窗口就可以直接办理了。网上申报是走程序，可以打质量监督站的电话，让他们在网上审核。"说完，给了我一个联系电话。

打通这个电话，对方答应尽快审核。

2017 年 6 月 29 日
星期四　阴，闷热

网上填报被退了回来。退回理由是：（1）网上申报的建设工程名称与 4 月 20 日申报表上填写的不一致；（2）已经形成的项目编码未填写；（3）拟开工日期、拟竣工日期与 4 月 20 日的申报表填写的不一致；（4）工程施工方相关人员信息填写不完整；（5）设计图审查合格证书扫描件格式不正确，打不开。

网上申报的建设工程名称与申报表填写的不一致，是因为原来申报的研发楼工程名称已经被其他单位登记过了（同名），是根据网上申报系统管理员的建议变通处理的，打电话解释一下应该就可以了；项目编码一栏，网上填报时提示"可以不填"，补填上去也就行了；拟开工日期、拟竣工日期与 4 月 20 日申报表上填写的不一致，是因为原来填写的拟开工日期、拟竣工日期是实际日期，网上填报的日期是根据中标通知书、施工合同备案的结果填报的，看来，只能根据网上填报的日期更改纸质申报表。

接通质量监督站联系电话，我问："按网上填报的内容重新填报纸质申报资料，可以吗？"回答："可以。"

根据退回理由，完善网上申报内容，重新提交成功。

2017年7月4日
星期二　多云，闷热

又从质量监督站取回了两份建设工程质量监督申报表，依据中标通知书、经备案的施工合同、经备案的监理合同重新填写，一式两份（不允许复印）盖上公司印章。

为吸取教训，这次认真阅读并理解申报指南，按下列顺序准备附件：（1）招标投标管理办公室核发的建设工程直接发包中标通知书复印件加盖公司印章；（2）建设工程委托监理合同复印件2份，附监理合同备案通知书复印件、监理单位法定代表人身份证复印件、总监身份证和资格证；（3）经备案的施工承包合同复印件2份，附施工合同备案通知书复印件、施工单位法定代表人身份证复印件、项目经理身份证和资格证复印件；（4）经施工方、监理方分别审批的施工组织设计；（5）抗震设防审查证书、施工图纸审查合格证书复印件；（6）施工图设计文件审查意见书及回复；（7）加盖审图印章的全套施工图；（8）地质勘探报告复印件；（9）五方责任主体（建设方、施工方、设计方、勘察方、监理方）信息档案表，附五方责任主体法定代表人授权委托书原件、项目负责人承诺书原件；（10）设计合同复印件，附设计单位法定代表人身份证复印件、项目负责人身份证和资格证复印件；（11）勘察合同复印件，附勘察单位法定代表人身份证复印件、项目负责人身份证和资格证复印件。除原件外，所有的复印件全部加盖公司印章，以证明与原件相一致。

今天上午，同施工方代表单敏分头去施工单位、监理单位签名并盖好章，一道将重新填写的建设工程质量监督申报表及其他纸质申报材料送建设工程质量监督站窗口。

窗口工作人员拿出一张申报材料目录，从重新填写的申报表开始查看，每件复印件都要求提交原件，一一对照原件审核。

我专门带了个放原件的包，装进之前取得的所有证照原件备查。

核查结果，还是缺两个证的原件：经招标投标管理办公室核发的中标通知书原件、经备案并加盖了备案专用章的监理合同原件。

中标通知书原件未放在原件专用包里，是本人的疏忽。经备案的监理合同原件根本就没有。当时与监理单位共同商定：报备案的监理格式合同只是应付备案用，只订立一份报备的原件交备案机构，双方只保留经备案的合同扫描件不保留原件，执行过程中仍以原来订立的未备案监理合同为准。

我同那位受理的女孩协商："复印件都是加盖了公司印章的，盖章就意味着保证与原件相一致。现在只是缺经备案的中标通知书和监理合同原件，能不能就帮我们受理了？"回答："申报材料可以暂时收下，但经备案的中标通知书和监理合同原件一定要送来核对一下，否则，出了问题我承担不了。"

下午打电话给质量监督站窗口，请求先将网上申报的审核通过。接电话的是一位女士，说："网上提示，申报的纸质材料不符合要求，因此网上申报还通过不了。"

我说："网上申报填写的资料是完整的，扫描件也都是符合要求的，与纸质申报材料没有关系。为什么网上申报还通过不了？"回答："还必须先审查纸质申报材料。待纸质申报材料符合要求了，才可以网上申报通过。"

2017年7月6日
星期四　多云

建设工程质量登记纸质申报资料准备完毕，还必须准备符合要求的附件材料。

招标投标管理办公室核发的中标通知书原件共2份，建设方、施工方各1份留存。在申请施工合同备案时，施工方总公司已经将经备案的1份中标通知书存档，施工方代表不持有招标投标管理办公室核发的中标通知书原件，只能将我公司留存的原件送建设工程质量监督站窗口核对。

经备案的监理合同原件没有，怎么办？与监理公司电话商量的结果：打印1份扫描件，由建设方、监理方在盖章页加盖建设方、监理方双方的印章、法定代表人印章，应当就是原件。

将经备案的中标通知书原件、加盖了我公司印章和法定代表人印章的监理合同扫描件一并交给施工方代表单敏，委托单敏再跑一趟监理公司，请监理公司在监理合同上加盖印章，再送建设工程质量监督站备查。

2017年7月7日
星期五　多云，傍晚有小阵雨

上午，施工方代表单敏来电话："质量监督站受理质量监督申报资料的女孩说，监理合同扫描件打印后有黑色印章，再加盖建设方、监理方印章也不是合同原件，一定要提供没有黑色印章的原件。此外，网上填写的施工方经备案的项目经理、现场技术负责人与原来申报表上填写的不一致，必须经站领导同意后更改申报表。"

我告诉单敏："你可以向窗口工作人员解释，合同扫描件经双方盖章确认的就相当于原件。关于申报表，我们上次去质量监督站时重新提交了一式两份，新提交的那两份上填写的信息与网上的信息是一致的。另外，你问她，需要找哪位领导同意才行。"

过了 10 分钟，单敏束手无策地回答：“女孩不听解释，也不告诉我找哪位领导。”

看来，又要请施工方总公司洪总出面解决了。

单敏是施工方代表指定的帮办建设工程报建的人员，不认识施工方总公司领导，感到束手无策情有可原。我只得让单敏回来。

拨通施工方总公司洪总的电话：“建设工程质量监督登记需要建设工程质量监督站领导协调解决一下。麻烦再同建设工程质量监督站领导打个招呼，我下午再去质量监督站找领导当面解释。”

过了一会，洪总来电话：“与质量监督站马书记通过电话了，你可以直接去找他。”

下午 2 点到达质量监督站，直奔马书记办公室，说明来意。

马书记问清情况后说：“监理合同原件不属原则性问题。施工方经备案的项目经理和技术负责人变更了，质量监督申报表作相应更改是可以的。”说完，陪同我到窗口。

那女孩不在窗口。马书记说：“等她来了再说。”说完又上楼去了。

我在办事大厅等了约 15 分钟，见那女孩来了：“刚才，你们马书记来过了，说是监理合同原件不是原则性问题，施工方项目经理和技术负责人同意更改。”

那女孩问：“来过了？”窗口里的另一位女士证明：“是来过了。”

女孩不再纠缠监理合同的事，要求我提供施工方变更项目经理和技术负责人的备案证明。

我从包里翻出招标投标管理办公室核发中标通知书时盖

过单位印章的直接发包登记表给女孩看："该申请表上面都有，是经过备案的，也是经招标投标管理办公室盖了章的。"

女孩看了看直接发包登记表，翻出我提交的那份施工合同备案表，又翻出我于4月20日提交的那份质量监督申报表，又给了我两份空白申报表，要求我重新填写。

我说："我们7月4日来送材料时，给过你重新填写的申报表了，一式两份，你已经审查过了，而且根据申报表上填写的内容，核对了我们的原件，说我们还缺少中标通知书原件和监理合同原件。"她翻了一下乱七八糟堆放在她桌上的资料："没有。你没给我。"

我说："肯定是给你了。你可能是收放到什么地方了。能不能好好找一下。"她生气了，吼了起来："没有就是没有。我总不能让你进来找吧。"

我说："你发这个火干什么。"她辩答："我说你没给我，你偏要说给我了，是你的话说得不对。"

事到如此，好不容易进入打印质量监督通知书阶段，没必要因为这张表僵持下去，只得忍气吞声地说："那，我重新填写吧。"

女孩又将4月20日最早填写的那份申报表扔给我。

质量监督申报表共8页，第1页涉及建设单位名称、工程名称、建设地址、项目编码等内容，第2页涉及建设单位向工程质量监督站所作的质量承诺以及联系人、联系电话等内容，第3页涉及建设工程分类、面积、申报前期手续完备情况等信息，第4～7页涉及建设方、勘察方、设计方、监理方、施工方五方责任主体单位信息及其法定代表人、项目负责人姓名、资质等级及其资质证号、身份证号、联系电话等信息。

翻了一下空白表，大部分内容在 4 月 20 日提交的申报表上有，抄写一下就可以了，施工方更换了的项目经理、技术负责人姓名、资格证号在直接发包登记表中可以查找到，但项目经理、技术负责人的联系电话、身份证号没有。立即打电话联系上单敏，让她即刻帮我查找到项目经理、技术负责人的手机号和身份证号。

公司印章没带怎么办？试探着问那还不知道姓名的女孩："请问，申报单位印章没带来，不盖公司印章可以吗？"回答："不行。"

此时已是下午 3 点 30 分，立即打电话给公司掌管印章的负责人："不要离开，我马上就来盖公司印章。"

我飞舞着手中的笔，一刻不停地在窗口重新填写申报表，计划着填写好表后立即赶回公司盖章，一定要赶在下班前办成这件事。

或许是那女孩看我在现场填写有点为难，又或许是那女孩起了善心，给了我一个修改液瓶："就在原来的表格中修改吧。但是，另外 1 份申请表在负责现场监督的工程师那里，你必须到他那里要出那份表，也一并改了才行。"

我真的有点感激："谢谢你！"此时，单敏来了电话，告知项目负责人和技术负责人的手机号、身份证号，很快完成了那份表格的修改。

上到二楼，找到现场监督工程师小李所在的质量监督二室。小李不在，只得用电话联系上，说明事由，请求修改 4 月 20 日的那份质量监督登记申报表。

现场监督工程师小李见过两面，很是客气："我在外面，现在回不来。你就将需要更换的项目经理和技术负责人的信息用张纸写下来，放在我办公桌上，我这里的表我帮你改。"

回到一楼窗口，将那份修改后的申报表交给那女孩。

女孩问："现场监督工程师的那份表改了没有？"我生怕又出什么意外，没告诉她实情，简单地回答："改过了。"

女孩打开网站说："这个工程网上质量监督申报还没通过，还是办不了。"

我感觉到，负责网上审核的应该就是坐在女孩对面的那位女士，有意说："听说网上没通过的主要原因是申报的纸质材料不符合要求。"对面的那位女士开口了："我这里马上就点通过。"

根据女孩提示，我去二楼财务室交工本费，每项工程60元，领到一份建设工程质量责任主体质量行为资料，会计要求我带回公司填写，待工程竣工验收后交档案馆。

翻了一下建设工程质量责任主体质量行为资料，是一套重复填报而且更烦琐的五方责任主体资料，不仅要求五方责任主体分别填写与建筑质量相关的质量要求资料，还要求建设方填写从建设工程规划许可证开始的行政审批、审查、登记、备案号，其他四方责任主体资质证书号、技术负责人及其他相关人员资格证书号，还要求五方责任主体分别将单位资质证书、相关人员资格证书复印件加盖责任主体单位印章后粘贴在相关页面上。该资料第一页有三点说明：（1）各质量责任主体必须按照本册要求对涉及工程基本建设程序、质量保证体系、施工过程动态质量行为等资料及时填写、审查、收集汇总。（2）本册所列资料由建设单位项目负责人或总监理工程师负责收集整理、装订成册，统一保管，存放在现场备查。总监理工程师应在工程开工前对"建设工程质量责任主体质量行为监督抽查记录"审查完毕，在工程质量监督方案交底时交质监人员监督抽查。质监人员在日常监督抽查时，应根据本册汇总资料对各质量责任主体动态质量行为进行监督检查，未按本册资料要求及时审查、收集汇总的，视为缺项。（3）所提供的资料为复印件时应加盖原件保存单位法人章，并注明原件存放地点。

不知道搞这个资料册有什么实质性意义。又得跑五方责任主体单位，又得忙一阵子了。

下午 4 点左右，拿到了质量监督通知书。

立即赶到行政服务中心建设窗口，已是快下午 5 点了，咨询了施工许可证申办程序，领到施工许可证申报指南。

申请建筑工程施工许可

2017 年 7 月 8 日
星期六　阴有小雨

本周四就从建设工程管理处网站和行政服务中心网站上分别下载过建筑工程施工许可证申报材料目录。两个版本不一致，其中建设工程管理处网站上下载的施工许可证需申报的材料共 28 件，行政服务中心网站上下载的施工许可证需申报的材料为 18 件。

昨天从行政服务中心建设窗口取回的申报指南中规定的需提交材料为 12 件：（1）建筑工程施工许可申请表（一式两份）；（2）建设工程用地批准手续；（3）建设工程规划许可证；（4）施工现场具备施工条件证明书；（5）由建设工程招标投标管理办公室核发的建设工程中标通知书；（6）建筑工程施工合同备案登记表、备案合同；（7）建筑工程消防设计备案凭证；（8）施工图设计文件审查合格证；（9）建设工程抗震设防审查证书；（10）建设工程质量、安全监督通知书；（11）建设工程委托监理合同、监理合同备案表；（12）资金保函证明或者银行对账单（不低于工程造价的50%，跨年度工程不低于30%）、无拖欠工程款承诺书。申报材料提交复印件的，应当加盖申报单位印章并提供原件备查。

3个版本不一致，当然以窗口取回来的纸质版本为准。

对照12件需申报材料，只缺3件：施工现场具备施工条件证明书、无拖欠工程款承诺书、建筑工程消防设计备案凭证。前两件材料有格式文本，填写后加盖建设方、施工方印章就可以了，后一件还未申报。

3月份去消防窗口咨询过。消防窗口告诉我："必须取得施工许可证方可申请消防设计备案。"施工许可证申报指南却要求提供建筑工程消防设计备案凭证，相互前置。

我拨通消防窗口电话："你好！我是今年3月去你们消防窗口咨询过的建设单位代表。我公司的厂房建设进入施工许可证申请阶段。根据施工许可证申请指南，要求我公司提供消防设计审查意见书，我们没有，怎么办？"接电话的女士问："你们的建设工程设计的消防等级是多少？"我说："丁级。"女士告诉我："丁级消防设计工程，应当先取得施工许可手续，后申报消防设计审查。你可以向施工许可证受理窗口解释。"

依据施工许可证申报指南，今天打开省城乡住房和建设厅网站，点击一站式申报栏，进入施工许可网上申报网页，注册、进入，开始网上申报。

不知是网速问题还是网站问题，网站上一些选择项不能展开，申报受阻。

2017 年 7 月 11 日
星期二　多云

今天，完成在网上填报施工许可资料，上传相关的扫描件，提交，等待审核。与此同时，准备好送审的纸质材料。网上一经审核通过，即可送审。

2017 年 7 月 13 日
星期四　多云，高温

施工许可网上申请提交两天了，仍然显示：办理中。

找到规划许可证办理窗口电话，请那位女孩帮我们网上审核一下。女孩回答：“网上填报提交后，你应当将纸质申报材料送窗口来，我们对照纸质申报材料一并审核。”

我说：“你给我的申报指南没说明。我以为还是先在网上审核通过后再送纸质申报材料。”回答：“不是的。”

纸质申报材料早就准备完毕，立即盖上公司印章，送行政服务中心施工许可证申报窗口。

女孩要看质量监督通知书。我说：“申报材料里都有。”女孩说：“我要看原件。”

走过多次弯路，我将可能要查看的原件都带在身边。

女孩看过原件后，看了我递上的纸质申报材料：“这个申报表不行。要从网上申报提交后，在申报网上打印带有编号的申报表。”

我说：“你给我的申报指南，说的是从施工许可系统下载建筑工程施工许可申请表，我这个申报表就是从申报网站上下载的。”女孩说：“要带编号的申报表，必须先在网上填报提交，然后在提交后的网上下载，就带有编号了。”

我无语。只得请求窗口先审查网上申报的资料。收拾完提供审查的纸质申报材料，离开窗口。

女孩叮嘱：“除了网上打印带编号的申请表，还要打印网上填报的附件 3。”

赶回公司已经午饭后了。

下午打开申报网站，填写申报名、密码、验证码，打开申报的项目，但怎么也找不到可以打印的申请表。

用公司 3 台电脑分别尝试，还是找不到，打印不成。

打电话咨询那女孩："请问，申请表在哪里可以打印？"女孩指点："在项目管理项下的施工许可申请项，打开后，在左上角。"

按电话指引，左上角没有打印按钮。

女孩问："你用的是什么浏览器？" 我说："360。"

女孩说："用 IE 试试。"

我改用 IE 浏览器，进入后还是打印不了。几个人共同研究，忙乎了半天，设置兼容模式，终于出现了打印按钮，打印成功。

2017 年 7 月 14 日
星期五　多云，高温

上午 9 点，将施工许可申报资料送行政服务中心施工许可申报窗口。

女孩接过申报资料，认真翻阅了一遍，要求我提供与提交的申报资料相对应的原件核对。

我打开随身携带的原件包，根据女孩的要求一项一项提供，建设工程规划许可证、建筑工程施工图设计审查合格证、抗震设防合格证、中标通知书、建设工程质量监督通知书、安全监督通知书、施工合同、监理合同。但是，仍有未带齐的原件。

女孩取出一张施工许可事项补充材料通知书，提示需补充 9 件申报资料。其中，需补充提交原件的有 4 件，分别为：施工合同备案表原件、监理合同备案表原件、土地证原件、银行对账单原件；申报资料不完善的 5 件，分别为：土地证复印件未附宗地图页，施工合同复印件不全（应将合同专用条款、保修协议全部复印），监理合同复印件应当提供有甲乙双方黑色印章并加盖甲乙双方红色印章的那份（因为提供的原件是有甲乙双方黑色印章加盖红色印章的那份原件扫描件，提供的复印件应当与网上的扫描件一致），施工条件证明件上只有建设方法定代表人签名而未有施工方法定代表人签名，无拖欠工程款承诺书未注明承诺日期。

她将补充材料通知单交给我，口头告知："网上要作相应的修正，上传的扫描件作相应的补充。"

未注明日期的不符合项可以现场补充，但其他不符合项没办法现场修正。

我指着纸质申报资料："这些复印件都是盖过公司印章的。在复印件上盖章就相当于申报单位作出了复印件与原件一致的承诺，如果有假，在复印件上盖章的单位应当承担相应的责任。所以，原件未全部带来应当不属于原则性问题，能不能就受理了。"

女孩说："不可以。请你不要为难我。"

我请求她将我已经提交的网上申报退回，以便回去完善后重新提交。

女孩说："今天下午不要再来。我们有其他任务，不在窗口。"

2017年7月17日
星期一　多云，高温

公司小李住在城里，跑相关机构比我方便。

前天，我将修正、补充后的纸质申报材料交给小李，让小李带上公司土地证正本，分别去监理公司、建筑公司索要监理合同备案单原件、施工合同备案单原件，然后带着原件去窗口。

今天上午，小李来电话："窗口接受申报资料了，说是本星期内可以拿到施工许可证。"

2017年7月20日
星期四　多云，高温

施工许可证申办指南上规定"自申报材料齐备之日起3个工作日办结"。本星期一上午申报材料齐备且被窗口受理，应当算是正式受理了，到今天上午应当满3个工作日。

上午11点，我打开施工许可申报网站，登录进入我公司施工许可证申报网页，网上显示：尚未开始办理。

下午5点，我又一次登录进入我公司施工许可证申报网页，网上显示：申请已被退回。立即查看退回原因："填写的勘察单位名称与经备案的勘察单位名称不一致；图纸设计单位名称与经备案的设计单位名称不一致。"

校对了一下，勘察单位"建筑勘察研究院"写成了"建设勘察研究院"，一字之差，改一下就行了。图纸设计单位名称确实与当初备案的设计单位名称不一致。打电话问设计单位是怎么回事，设计单位回答："单位名称已经申请工商机关进行了变更登记，所以与经备案的名称不一致。"我又打电话咨询窗口："图纸设计单位名称有所变更，该单位出个证明可以吗？"回答："须将工商机关变更通知书扫描上传到网上。"我立即打电话告知图纸设计单位，让他们将工商机关变更通知书扫描件发给我。

约下午5点30分，网上修改完毕，重新提交。

2017年7月21日
星期五　少云，高温

下午3点，电话联系施工许可证办理窗口，咨询我公司的施工许可证今天是否可以取证。回答："领导还没批。"

下午5点，打开申报网站，显示：尚未开始办理。

2017 年 7 月 26 日
星期三　多云，高温

昨天、前天连续两天最高气温 40℃，研发楼施工工地已经停工避暑。

这几天每天上网查看施工许可证办理进度，网上一直显示：尚未开始办理。

今天上午，等到行政服务中心上班时分，打电话咨询："施工许可证什么时候可以办结？"回答："领导正在审核之中。你下午再打电话来吧。"

建筑工程施工许可证来得太迟了。研发楼早在 6 月 19 日就已经封顶了。

申请建设工程消防设计文件备案

2017 年 7 月 28 日
星期五　多云，高温

今年 3 月 22 日拿到房屋建筑和市政基础设施工程施工图设计文件审查合格书和建设工程抗震设防审查证书时，就想到要办消防设计备案，打开行政服务中心网上的消防设计备案告知单，看到消防设计备案需提交以下文件：（1）建设工程消防设计备案表（加盖单位印章）；（2）建设单位的工商营业执照等合法身份证明文件（复印件加盖单位印章）；（3）新建、扩建工程的建设工程规划许可证明文件（复印件加盖单位印章）；（4）设计单位资质证明文件、营业执照（复印件加盖单位印章）；（5）消防设计文件（详见消防设计文件要求）。

建设工程消防设计备案表在行政服务中心网站上找不到可下载之处。为尽量避免白跑一趟，拨通了网上告知的窗口咨询电话，咨询建设工程消防设计备案表在哪里可以下载。

窗口工作人员说:“网上说的申报资料目录与实际有差异，请你来窗口一趟，申请表也可以在窗口领取。”

那天赶到消防窗口，一位女孩很有礼貌地接待了我，交给我纸质的建设工程消防设计备案申报表、委托代理人证明样稿、设计单位承诺书样稿、消防设计质量承诺书样稿和一份办事须知。办事须知上的申报资料果然与网上信息有很大的差异:(1)建设工程消防设计备案申报表(可登录省消防网站下载，或者到公安消防行政服务窗口领取，页面需盖建设单位印章);(2)建设单位工商营业执照(尚未办理营业执照的需出具企业名称核准通知书)等合法身份证明(复印件需本单位盖印章，无章的需法定代表人签字并按手印);(3)设计单位的工商营业执照及资质证明文件、消防设计质量承诺书(可登录省消防网站下载文本，或者到公安消防行政服务窗口领取，需设计单位加盖印章);(4)消防设计文件(需符合公安部规定的建设工程消防设计文件申报要求);(5)建设工程规划许可证、建筑工程施工许可证、施工图审查机构出具的审查合格文件(复印件需加盖建设单位印章)。以上材料提供复印件的，应当提供原件备核。承诺时限：自受理之日起 20 个工作日。

当天又赶到设计单位，要求设计单位按要求办理设计单位承诺书、消防设计质量承诺书并加盖设计单位印章，再按要求准备其他申报资料。

回到公司，认真研究了《消防设计备案申报指南》，打电话咨询消防窗口工作人员:“已经拿到建设工程规划许可证了，建筑工程施工许可证还没有拿到，能不能先提交消防设计备案?”电话那头回答:“不可以。必须先拿到施工许可证才可以申请消防设计备案。”

前天下午拿到了建筑工程施工许可证的同时，将早就准备好的消防设计备案纸质材料交消防窗口审查。窗口还是那位女孩接待了我。

女孩审查了我的纸质申报材料及全套设计图纸，核对了建筑工程施工许可证原件，认为纸质申报材料齐全，但必须在所有的复印件上加盖我公司印章。

女孩又说："必须先在网上填报。"

昨天，根据女孩的提示，进入省政务服务网，注册并进入公安消防办事大厅，开始网上填报。

也许是水平有限，连续填报了几次都未成功。每次填报不成功又必须凭手机登录码重新进入，重新填写，忙碌到现在也还是不成功。让单位其他同事填报，还是未填报成功。

没有办法，只好再打电话咨询窗口。

女孩很有耐心，告诉我"填报的网址不对。不是在公安消防办事大厅填报"。女孩耐心地让我用笔记下打开申报网址的步骤。

与此同时，电话与施工方代表联系上。施工方代表同消防大队熟悉，答应由他去办理。

再好不过。明天将纸质申报资料交给施工方代表。

2017 年 7 月 29 日
星期六　多云，高温，下午有阵雨

考虑到网上填报要上传较多的扫描件，决定再花一天时间按照窗口昨天的指导意见，重新进入网上申报系统填报。

打开省政务服务网，按注册的名称、密码、手机提示码登录进入，点击综合服务旗舰店，查找并点击地方市级，再点击所在地旗舰店，点击法人服务，点击按部门，查找并点击市公安局，查找并点击消防设计备案抽查，点击在线办理。

出现菜单管理界面，但怎么也找不到网上填报入口。

找同事一同研究，可还是没有结果。

今天是星期六，行政服务中心休息日，窗口无人上班，无法电话咨询，只得作罢。

忽然想到之前单位的一位同事应该知道怎么进行网上填报，于是我打电话联系他。电话打通了，他也不清楚，让我别急，等会让消防窗口负责人给我电话。

不一会，消防窗口负责人来电话，说："也说不太清楚是什么原因，等会让窗口具体办事人员给我电话。"

最后来电话的是一位女孩，一步步指导我进入，最后点击"消防设计备案抽查"按钮，还是打不开填报界面。

女孩说："用电脑打开这个界面，有时不太稳定。最好是用支付宝登录进入。"

我说："还没用过支付宝登录。"女孩说："你还是将全部资料扫描件发给我，我帮你填报、上传吧。"说完，女孩给了我邮箱。

很是过意不去，连连打招呼："真不好意思，休息天还打扰你。"女孩说："没关系的。"

按照女孩的意思，将全部扫描件发到她的邮箱。

2017年8月3日
星期四　多云，闷热

依据我国《消防法》以及公安部《建设工程消防监督管理规定》，研发楼建设项目实行消防设计网上备案制。依据消防设计网上备案流程，消防设计网上备案成功后，通过抽签的办法确定该建设工程是否需现场检查。

网上申报通过后，消防设计备案就很顺利地完成了。前天送纸质申报材料，当场抽签未抽到，因而不需要来现场检查，今天就取得了建设工程消防设计备案凭证。

申请建筑工程安全监督竣工

2017年9月18日
星期一　多云

依据建设工程安全监督站的规定，建设工程安全监督备案时预交的建筑工程安全防护文明施工措施费可以按工程建设进度分期支付给施工单位。实际操作过程中，因申请分期支付较麻烦，因而未申请分期。现在，该建筑工程已经竣工，应当可以申请支付建设工程安全防护文明施工措施费了。

去建设工程安全监督站咨询，领到两份表单：建筑工程安全防护文明施工措施费核验表、建设工程安全监督竣工申请表。

建筑工程安全防护文明施工措施费核验表由施工单位填写建设单位名称、施工单位名称、工程造价、安全文明措施费总金额以及申请支付的批次等内容，加盖施工单位的印章，经建设单位签署审核意见并加盖印章后，提交建设工程安全监督机构核实。本工程已经竣工，可以一次性申请100%支付。

建设工程安全监督竣工申请表也是由施工单位填写。填写的主要内容：施工单位名称、资质等级、项目经理姓名及其安全考核证号、安全员姓名及其安全考核证号等基本情况，建筑工程名称、地址、面积、结构类型、安全监督号、施工许可证号等基本情况，监理单位名称。申请表须分别由施工单位、建设单位、监理单位签署竣工意见并加盖印章，送建设工程所在地建设管理所审核并加盖印章。

按照安全监督窗口要求，施工单位在申请支付建筑工程安全防护文明施工措施费的同时，提交了建筑工程已经竣工的现场照片，照片包括塔吊、脚手架已经撤除等内容。

建筑工程安全防护文明施工措施费是由建设单位预付到安全监督站账户监督使用的，安全监督竣工申请通过后，据说该笔监督使用费仍退回到建设单位账户，作为建筑工程款的一部分，由建设单位按施工协议规定向施工方支付。

下一步，可以分别申请消防竣工验收、防雷竣工验收、质量竣工验收了。

报建审批合法性分析

本案是我国经历十多年的行政审批制度改革后，在一个经济较发达地区直接发包建设工程项目报建过程的真实写照。

据悉，研发楼报建企业于2010年与地方政府达成在已经报废的原集体林木场办公区域新建协议。由于该报废林木场办公区域的土地属农民集体所有，需要办理农民集体所有土地的征收、挂牌出让、建设用地规划许可等手续。

自2010年以来，该企业一直处于投资项目备案、建设用地、用地规划许可等行政审批持续申请状态：2010年分别提交投资项目备案、规划条件（控规）、建设用地等申请。当地规划部门于2012年7月20日向该企业出具规划条件（控规）手续。该企业于2012年11月28日通过“挂牌”与国土资源局签订国有土地出让合同，2013年1月16日取得国有土地使用权证，2016年6月28日取得经复核确认的用地红线图，2016年6月30日取得建设用地规划许可证。

该企业于2016年7月18日启动建设工程规划许可程序，2016年8月3日启动建筑工程施工许可程序，2017年3月13日取得施工图设计文件审查合格书，2017年7月27日取得建筑工程施工许可证。

从申请建设工程规划许可到取得建筑工程施工许可证，建设单位根据行政审批机关设置的行政审批程序和条件，先后14次在不同的网站填写、提交网上申报，向不同的审批机关提交过17份行政审批书面申请表和192份有关符合申报条件的证明材料，取得盖有行政审批机关印章的批准文件29件（包括审核盖章文件和批准证书），历时1年有余才办完研发楼报建手续。

现以法律、法规相关规定为依据，以报建方主要抱怨环节为切入口，讨论行政审批机关设置的报建程序、条件、收费事项以及审批行为的合法性。

对建设工程报批的现行法律规定

依据现行法律、行政法规规定，企业从决定落户到具体建设工程项目开工建设必须向行政机关提出如下申请并获得批准：

一、建设用地许可

在建设用地申办过程中，现行的法律、行政法规设置的前置或者附加申请程序主要有：

1. 建设项目核准或者备案

依据 2017 年 2 月 1 日起施行的国务院《企业投资项目核准和备案管理条例》第二条和第三条的规定，企业在中国境内投资建设的固定资产投资项目应当依法申请核准或者备案。该条例第六条、第十三条规定，企业办理项目核准手续，应当向核准机关提交项目申请书；实行备案管理的项目，企业应当在开工建设前通过在线平台将企业基本情况、项目名称、建设地点、建设规模、建设内容、项目总投资额、项目符合产业政策的声明等信息告知备案机关。

根据国务院《企业投资项目核准和备案管理条例》规定，国家发展和改革委员会出台了《企业投资项目核准和备案管理办法》，该办法自 2017 年 4 月 8 日起施行，对企业投资项目核准或者备案的申请、核准或者备案程序、监督管理等作了更明确的规定。

2. 环境影响评价

依据《环境影响评价法》第十六条、第二十条、第二十二条，建设项目可能造成重大环境影响的，建设单位应当按照规定组织编制环境影响报告书；建设项目可能造成轻度环境影响的，建设单位应当按照规定组织编制环境影响报告表；建设项目对环境影响很小、不需要进行环境影响评价的，建设单位应当填报环境影响登记表。建设项目的环境影响报告书、报告表，由建设单位按照国务院的规定报有审批权的生态环境主管部门审批。审批部门应当自收到环境影响报告书之日起六十日内，收到环境影响报告表之日起三十日内，分别作出审批决定并书面通知建设单位。国家对环境影响登记表实行备案管理。

3. 建设项目用地预审

2014 年 7 月 29 日修订的《土地管理法实施条例》第二十二条第一款第一项规定，具体建设项目需要占用土地利用总体规划确定的地方建设用地范围内的国有建设用地的，需进行建设项目可行性研究论证，由土地行政主管部门对建设项目用地有关事项进行审查，提出建设项目用地预审报告。依据原国土资源部《建设项目用地预审管理办法》第七条，项目建设单位应当提交建设项目用地预审申请表等材料。

4. 建设用地申请

依据《土地管理法》第五十三条，经批准的建设项目需要使用国有建设用地的，建设单位应当持法律、行政法规规定的有关文件，向有批准权的县级以上人民政府土地行政主管部门提出建设用地申请，经土地行政主管部门审查，报本级人民政府批准。

依据《土地管理法实施条例》第二十二条第一款第二项，建设单位持建设项目的有关批准文件，向市、县人民政府土地行政主管部门提出建设用地申请，由市、县人民政府土地行政主管部门审查，拟订供地方案，报市、县人民政府批准；需要上级人民政府批准的，应当报上级人民政府批准。

5. 签订国有土地有偿使用合同

依据《土地管理法》第五十六条，建设单位使用国有土地的，应当按照土地使用权出让等有偿使用合同的约定或者土地使用权划拨批准文件的规定使用土地。

依据《土地管理法实施条例》第二十二条第一款第三项，供地方案经批准后，由市、县人民政府向建设单位颁发建设用地批准书。有偿使用国有土地的，由市、县人民政府土地行政主管部门与土地使用者签订国有土地有偿使用合同。

6. 土地登记

依据《土地管理法实施条例》第二十二条第一款第四项以及该条第二款，土地使用者应当依法申请土地登记。通过招标、拍卖方式提供国有建设用地使用权的，由市、县人民政府土地行政主管部门会同有关部门拟订方案，报市、县人民政府批准后，由市、县人民政府土地行政主管部门组织实施，并与土地使用者签订土地有偿使用合同。土地使用者应当依法申请土地登记。

近年来，多地实行土地证、房产证两证合一，房屋建设不再单独颁发土地证。

二、建设用地规划许可

2015 年 4 月 24 日修正的《城乡规划法》第三十八条第二款规定，以出让方式取得国有土地使用权的建设项目，在签订国有土地使用权出让合同后，建设单位应当持建设项目的批准、核准、备案文件和国有土地使用权出让合同，向城市、县人民政府城乡规划主管部门领取建设用地规划许可证。

三、建设工程规划许可

《城乡规划法》第四十条第一款规定，在城市、镇规划区内进行建筑物、构筑物、道路、管线和其他工程建设的，建设单位或者个人应当向城市、县人民政府城乡规划主管部门或者省、自治区、直辖市人民政府确定的镇人民政府申请办理建设工程规划许可证。

四、建筑工程施工许可

2011年4月22日修正的《建筑法》第七条规定，建筑工程开工前，建设单位应当按照国家有关规定向工程所在地县级以上人民政府建设行政主管部门申请领取施工许可证；但是，国务院建设行政主管部门确定的限额以下的小型工程除外。

所谓小型工程，依据住房和城乡建设部《建筑工程施工许可管理办法》第二条第二款，是指工程投资额在30万元以下或者建筑面积在300平方米以下的建筑工程。

建设工程规划许可的合法性

建设工程规划许可，是城乡规划行政主管部门根据工程建设单位的申请，经依法审查，准予其在取得使用权的建设用地上，按特定的用地要求和规划建设要求，实施该建设工程规划活动的行为。

建设工程规划许可，应当由工程建设单位在建设项目取得投资项目行政主管部门核准或者备案文件并取得土地主管部门批准的建设用地手续、规划主管部门核发的建设用地规划许可证之后，向政府规划行政主管部门提出申请。

工程建设单位持有建设工程规划许可证是证明其建设工程符合《城乡规划法》规定并据此申领建筑工程施工许可、申请建设工程竣工验收的一项重要条件和凭证。

一、建设工程规划许可事项设置合法性

研发楼报建过程中，规划部门就建设工程规划许可设置了规划设计方案审批和规划审批两项申请事项，建设方先后两次提交了申请表及其附件材料，第一次提交的是《建设项目规划设计方案审批表》及其附件材料，第二次提交的是《建设项目规划审批表》及其附件材料。

1. 建设项目规划设计方案报批事项设定合法性

依据《城乡规划法》第四十条第二款，申请办理建设工程规划许可证，应当提交使用土地的有关证明文件、建设工程设计方案等材料。需要建设单位编制修建性详细规划的建设项目，还应当提交修建性详细规划。对符合控制性详细规划和规划条件的，由城市、县人民政府城乡规划主管部门或者省、自治区、直辖市人民政府确定的镇人民政府核发建设工程规划许可证。

《国务院关于第六批取消和调整行政审批项目的决定》（国发〔2012〕第52号）规定，依据《城乡规划法》设置的重要地块城市修建性详细规划审批予以取消。

至于建设项目设计方案要不要建设单位另行申请批准，《城乡规划法》未予以明确。

2. 建设工程规划许可事项设定合法性

依据《城乡规划法》第四十条第一款，在城市、镇规划区内进行建筑物、构筑物、道路、管线和其他工程建设的，建设单位或者个人应当向城市、县人民政府城乡规划主管部门或者省、自治区、直辖市人民政府确定的镇人民政府申请办理建设工程规划许可证。

据此，要求研发楼建设单位向市政府规划主管部门提交建设工程规划许可申请符合我国《城乡规划法》的规定。

二、建设工程规划许可条件设置合法性

依据《城乡规划法》第四十条第二款规定，申请办理建设工程规划许可证，应当提交使用土地的有关证明文件、建设工程设计方案等材料。

研发楼建设所在地的省级人大常委会于2010年制订的《城乡规划条例》第三十九条规定，申请办理建设工程规划许可证应当提交下列材料：（1）建设项目批准、核准、备案文件；（2）使用土地的有关证明文件；（3）建设工程设计方案；（4）符合国家设计规范的建筑工程施工图设计文件；（5）法律、法规规定的其他材料。

地方政府规划行政主管部门设置的规划建筑设计方案申请条件，要求提交的申报材料包括：（1）建设项目规划设计方案审批表；（2）两个或两个以上建筑设计方案文本两套；（3）发改委核发的投资项目备案文件；（4）土地使用证明文件及土地出让合同；（5）规划局核发的控制性详细规划。

地方政府规划行政主管部门设置的建设工程规划许可申请条件，要求提交的申报材料包括：（1）建设工程规划审批申请表（加盖当地基层政府、建管所、建设单位印章）；（2）发改委核发的建设项目备案文件；（3）土地权属证明、土地出让合同及合同公证书、土地挂牌成交确认书；（4）建设用地规划许可证、红线图、控制性详细规划；（5）加盖设计单位印章的总平面图1张、施工图两套、结构图里面的基础平面图两张、施工图电子光盘；（6）建设单位营业执照、机构代码证、法定代表人身份证。

对照现行法律、法规规定，研发楼所在地的规划行政主管部门设置的规划许可申报条件中，要求申请人提交投资项目备案文、建设工程设计方案、施工图设计文件、用地批准手续是有法律依据的。但是，申请方提交了国有土地使用权证应当可以证明有了“用地批准手续”，不应当再要求提交用地批准的其他证明材料。据此，市规划部门设置的规划许可申报条件中似乎多出好几项：建设用地规划许可证、用地红线图、土地出让合同及合同公证书、

土地挂牌成交确认书、控制性详细规划、建设单位营业执照、机构代码证、法定代表人身份证（见表 1）。

表 1　建设工程规划许可申请条件对照

法定申报材料	实际申报材料	依据
投资项目备案文	投资项目备案文	地方《城乡规划条例》第三十九条
建设工程设计方案	建设工程设计方案	同上
施工图设计文件	施工图设计文件	同上
用地批准手续	土地使用证明、用地红线图、土地出让合同及合同公证书、土地挂牌成交确认书	同上。但是，似乎多出了用地红线图、土地出让合同及合同公证书、土地挂牌成交确认书
	建设用地规划许可证	未见有法律、法规依据
	控制性详细规划	同上
	建设单位营业执照、机构代码证、法定代表人身份证	同上

三、建设工程规划许可行为合法性

在研发楼建设规划许可证核发过程中，许可机关的以下审核行为不符合法律、法规规定：

1. 要求补正申报材料时未一次性告知的行为不符合法律规定。窗口工作人员认为申请材料不完整或者不符合法定形式，要求申请人补正时，未一次性书面告知申请人需要补充的全部内容的行为，不符合我国《行政许可法》第三十二条第一款第四项的规定。

2. 受理申请材料未出具书面凭证的行为不符合法律规定。窗口工作人员认为申请事项属于本行政机关职权范围，申请材料齐全、符合法定形式，决定予以受理时，未向申请人送达受理凭证的行为，不符合《行政许可法》第三十二条第二款关于“行政机关受理或者不予受理行政许可申请，应当出具加盖本行政机关专用印章和注明日期的书面凭证”的规定。

3. 要求复印件必须加盖申报单位印章的行为未见有法律依据。窗口工作人员要求申请人提交的所有的申报材料复印件必须加盖申请单位印章，同时要求申请人提供原件核实（包括由规划部门自己核发的建设用地规划许可证、红线图、控制性详细规划等）的行为，未见有法律、法规依据。

4. 网上填报、上传申报材料扫描件并审核通过后，仍要求申请人提供全部申报材料的行为，未见有法律、法规依据。

建设工程项目登记合法性

建设工程管理处要求工程建设单位在建设工程委托勘察、委托设计之前，先申请建设工程项目登记。

查阅《建筑法》第八条，建设单位申请领取建筑工程施工许可证应当具备的条件共 8 条，未见有要求工程建设单位申请“建设工程项目登记”的规定。

网上搜索结果，申请建设工程项目登记号是原建设部为加强全国建筑市场监管信息化管理需要而采取的一项建设工程网上登记管理制度，依据的是原建设部于 1994 年以通知形式出台的《工程建设项目报建管理办法》。该办法第二条规定，凡在我国境内投资兴建的工程建设项目，都必须实行报建制度，接受当地建设行政主管部门或其授权机构的监督管理。该办法第九条又进一步规定，凡未报建的工程建设项目，不得办理招投标手续和发放施工许可证，设计、施工单位不得承接该项工程的设计和施工任务。

原建设部《工程建设项目报建管理办法》所说的“报建”是否指的是建

设工程项目登记则未作解释。

依据住房城乡建设部《关于宣布失效一批住房城乡建设部文件的公告》（第 1041 号），《工程建设项目报建管理办法》已失效，不再作为行政管理的依据。因此，建设工程管理处要求工程建设单位在建设工程委托勘察、委托设计之前先申请建设工程项目登记，未见有法律、法规、规章依据。

同理，要求建设单位在申请建设工程项目登记时提交建设项目备案文、公司营业执照及其他相关资料的规定未见有法律、行政法规、规章依据。

施工图设计文件审查合法性

施工图纸设计审查，即施工图设计文件审查，是指施工图纸审查机构依据相关法律、法规和技术性规范文件，对设计的施工图及其附件材料中涉及公共利益、公众安全和工程建设强制性标准等内容进行的审查。审查合格的施工图，是从事房屋建筑工程、市政基础设施工程施工、监理以及实施对房屋建筑和市政基础设施工程质量安全监督管理等活动的依据。

一、施工图纸设计审查事项设置的合法性

依据《建筑法》第八条的规定，申请领取施工许可证，应当“有满足施工需要的施工图纸及技术资料”。依据国务院《建设工程质量管理条例》第十一条，施工图设计文件审查的具体办法，由国务院建设行政主管部门会同国务院其他有关部门制定。施工图设计文件未经审查批准的，不得使用。

据此，施工图设计文件审查事项的设置符合法律、行政法规的规定。

二、施工图设计审查条件设置的合法性

依据2015年5月4日修订的《房屋建筑和市政基础设施工程施工图设计文件审查管理办法》第三条，国家实施施工图设计文件（含勘察文件）审查制度。施工图未经审查合格的，不得使用。从事房屋建筑工程、市政基础设施工程施工、监理等活动，以及实施对房屋建筑和市政基础设施工程质量安全监督管理，应当以审查合格的施工图为依据。

该办法第十条规定，建设单位应当向审查机构提供下列资料并对所提供资料的真实性负责:（1）作为勘察、设计依据的政府有关部门的批准文件及附件;（2）全套施工图;（3）其他应当提交的材料。

笔者理解，作为勘察、设计依据的政府有关部门的批准文件及附件应当是指建设工程规划许可证。其他应当提交的材料包括哪些？依据该办法第十一条，审查机构应当对施工图审查下列内容:（1）是否符合工程建设强制性标准;（2）地基基础和主体结构的安全性;（3）是否符合民用建筑节能强制性标准，对执行绿色建筑标准的项目，还应当审查是否符合绿色建筑标准;（4）勘察设计企业和注册执业人员以及相关人员是否按规定在施工图上加盖相应的图章和签字;（5）法律、法规、规章规定必须审查的其他内容。

对照法律、法规以及建设部规章，研发楼所在地的审图机构设置的审图申报条件多出6项：勘察合同备案通知，设计合同备案通知，建设项目备案文，领取审图合格证时要求另行提交的经设计单位盖章的立面图、剖面图，建设单位营业执照。此外，要求申请人将设计单位设计的立面图、剖面图送规划局盖章更是没有法律、法规依据，属擅自设置行政审批审查条件的行为；领证时要求建设单位提交营业执照原件扫描上传到审图中心网站备案的行为，也未见有法律、法规依据（见表2）。

表 2　审图申请条件对照

法定申报材料	实际申报材料	依据
作为勘察、设计依据的政府有关部门的批准文件及附件	建设工程规划许可证	《房屋建筑和市政基础设施工程施工图设计文件审查管理办法》第十条第一款第一项
	勘察报告	同上
全套施工图	符合规范的全套施工图及其节能、结构、专业计算书	同上
	勘察合同备案通知	未见有法律、法规依据
	设计合同备案通知	同上
	建设项目备案文	同上
	领取审图合格证时要求另行提交立面图、剖面图	同上
	立面图、剖面图要求去规划局盖章	同上
	领证时要求建设单位提交营业执照原件扫描备案	同上

三、审图收费合法性

依据《国务院关于第三批取消和调整行政审批项目的决定》(国发〔2004〕16 号)，施工图设计文件审查“不再作为行政审批，实行自律管理”。实行自律管理后，审图是否应当收费，应收多少，因各地方政府核定的标准不尽相同，笔者在此对审图收费不作评述。

四、审图行为合法性

在施工图审查过程中，审查中心下列行为不符合法律、法规规定：

1. 要求补正申报材料时未一次告知的行为不符合法律规定。窗口工作人员认为申请材料不完全或者不符合法定形式，要求申请人补正时，不但未向申请人一次性出具补充材料书面通知，而且要求申请人自己去看贴在墙上的申报指南，不符合《行政许可法》第三十二条第一款第四项规定。

2. 申报材料齐全仍不予受理的行为不符合法律规定。施工图纸设计单位网上备案申请已经提交好多天了，在因审图中心图纸设计网上备案审核人员疏忽而未及时办理备案的情况下，建设单位报请审图的材料全部补齐再次提交时，审图中心窗口人员以网上未查到"图纸设计网上备案已通过"的记录为由，不予受理审图申请材料的行为，而且在次日又以窗口负责受理的人员不在岗为由继续不受理审图申请的行为，不符合《行政许可法》第三十二条第一款第五项关于"申请人按照本行政机关的要求提交全部补正申请材料的，应当受理行政许可申请"的规定。

3. 受理申报材料不出具书面凭证的行为不符合法律规定。窗口工作人员认为申请材料齐全且符合法定形式，决定正式受理时，未向申请人出具加盖本行政机关专用印章和注明日期的书面凭证的行为，不符合《行政许可法》第三十二条第二款关于"行政机关受理或者不予受理行政许可申请，应当出具加盖本行政机关专用印章和注明日期的书面凭证"之规定。

4. 超时办理行为不符合法律规定。依据原建设部 2015 年 5 月 4 日修正的《房屋建筑和市政基础设施工程施工图设计文件审查管理办法》第十二条，大型房屋建筑工程、市政基础设施工程施工图审查原则上不超过 15 个工作日，中型及以下房屋建筑工程、市政基础设施工程施工图审查原则上不超过 10 个工作日（不包括施工图纸修改时间和审查机构的复审时间）。审图中心负责人于 2016 年 11 月 15 日代为收下审图材料应当是审图中心正式受理之日，审图中心于2017年2月20日向申请人发出“审图意见”，要求图纸设计单位答复并对图纸进行相应的修改，申请人于2017年2月22日将图纸设计回复及进行了相应修改后的图纸提交审图中心（审图中心未提出第2次审图意见），申请人于2017年3月14日才拿到审图合格证书。从2016年11月16日至2017年3月14日，历时了119天，扣除节假日、图纸设计单位对审图意见答复的2个工作日以及答复后再审的时间按15个工作日计算，审图共经历了63个工作日，严重超过法定时限。

5. 设置的部分审批条件未完全公示的行为不符合法律规定。审图中心在向申请方交付工程施工图设计文件审查合格证书和建设工程抗震设防审查证书时，将领证前到审图中心办公室备案设置为领证的前置条件且未公示的行为，不符合《行政许可法》第十六条第四款关于“对行政许可条件作出的具体规定，不得增设违反上位法的其他条件”的规定，也不符合该法第三十条关于“行政机关应当将法律、法规、规章规定的有关行政许可的事项、依据、条件、数量、程序、期限以及需要提交的全部材料的目录和申请书示范文本等在办公场所公示”的规定。

防雷设计文件审查合法性

防雷设计即对雷击灾害的防护技术设计，是指建筑图纸设计机构依据建筑物委托设计合同，在建筑图纸设计过程中，为防止直击雷或雷电的电磁脉冲对建筑物本身或其内部设备造成损害，依据《建筑物防雷设计规范》进行的防雷击技术设计。

一、防雷设计审核项目设置合法性

1. 2014 年 8 月 31 日修正的《气象法》第三十一条规定：各级气象主管机构应当加强对雷电灾害防御工作的组织管理，并会同有关部门指导对可能遭受雷击的建筑物、构筑物和其他设施安装的雷电灾害防护装置的检测工作。安装的雷电灾害防护装置应当符合国务院气象主管机构规定的使用要求。

2. 依据 2017 年 10 月 7 日修正的国务院《气象灾害防御条例》第二十三条第一、三、四款规定：各类建（构）筑物、场所和设施安装雷电防护装置应当符合国家有关防雷标准的规定。新建、改建、扩建建（构）筑物、场所和设施的雷电防护装置应当与主体工程同时设计、同时施工、同时投入使用。油库、气库、弹药库、化学品仓库和烟花爆竹、石化等易燃易爆建设工程和场所，雷电易发区内的矿区、旅游景点或者投入使用的建（构）筑物、设施需要单独安装雷电防护装置的场所，以及雷电风险高且没有防雷标准规范、需要进行特殊论证的大型项目，其雷电防护装置的设计审核和竣工验收由县级以上地方气象主管机构负责。房屋建筑、市政基础设施、公路、水路、铁路、民航、水利、电力、核电、通信等建设工程的主管部门，负责相应领域内建设工程的防雷管理。

3. 依据 2011 年中国气象局《防雷装置设计审核和竣工验收规定》第四条、第五条，下列建（构）筑物、场所和设施的防雷装置应当经过设计审核和竣工验收：（1）《建筑物防雷设计规范》规定的第一、二、三类防雷建筑物；（2）油库、气库、加油加气站、液化天然气、油（气）管道站场、阀室等爆炸和火灾危险环境及设施；（3）邮电通信、交通运输、广播电视、医疗卫生、金融证券，文化教育、不可移动文物、体育、旅游、游乐场所等社会公共服务场所和设施以及各类电子信息系统；（4）按照有关规定应当安装防雷装置的其他场所和设施。防雷装置设计未经审核同意的，不得交付施工。防雷装置竣工未经验收合格的，不得投入使用。新建、改建、扩建工程的防雷装置必须与主体工程同时设计、同时施工、同时投入使用。

依据《建筑物防雷设计规范》（GB 50057—2010）3.0.4，在可能发生对地闪击的地区，遇下列情况之一时，应划为第三类防雷建筑物：（1）省级重点文物保护的建筑物及省级档案馆；（2）预计雷击次数大于或等于 0.012 次 /a，且小于或等于 0.06 次 /a 的部、省级办公建筑物及其他重要或人员密集的公共建筑物；（3）预计雷击次数大于或等于 0.06 次 /a，且小于或等于 0.3 次 /a 的住宅、办公楼等一般性民用建筑物；（4）预计雷击次数大于或等于 0.06 次 /a 的一般性工业建筑物；（5）根据雷击后对工业生产的影响及产生的后果，并结合当地气象、地形、地质及周围环境等因素，确定需要防雷的 21 区、22 区、23 区火灾危险环境；（6）在平均雷暴日大于 15d/a 的地区，高度在 15m 及以上的烟囱、水塔等孤立的高耸建筑物；在平均雷暴日小于或等于 15d/a 的地区，高度在 20m 及以上的烟囱、水塔等孤立的高耸建筑物。

企业研发楼应当可以划为第三类防雷建筑物。

据此，防雷设计项目报审设置应当是符合法律规定的。

二、防雷设计审核条件设置合法性

依据中国气象局 2011 年 9 月 1 日起施行的《防雷装置设计审核和竣工验收规定》第九条，申请防雷装置施工图设计审核应当提交以下材料：（1）《防雷装置设计审核申请书》；（2）设计单位和人员的资质证和资格证书的复印件；（3）防雷装置施工图设计说明书、施工图设计图纸及相关资料；（4）设计中所采用的防雷产品相关资料；（5）经当地气象主管机构认可的防雷专业技术机构出具的防雷装置设计技术评价报告。防雷装置未经过初步设计的，应当提交总规划平面图；经过初步设计的，应当提交《防雷装置设计核准意见书》。

企业研发楼依法不属于应当经当地气象主管机构认可的防雷专业技术机构出具防雷装置设计技术评估报告的建设项目，因此依据《防雷装置设计审核和竣工验收规定》第九条，申请防雷装置施工图设计审核应当提交前4份申报材料。

研发楼报建纪实显示，当地气象局要求提供的防雷装置施工图设计审核申报材料中所列的申报材料目录前四项符合《防雷装置设计审核和竣工验收规定》第九条的规定。

三、防雷设计审核行为合法性

1. 行政审批“体外循环”行为不符合法律规定。研发楼报建纪实显示，当地气象局在政府统一设立的行政审批大厅设立了气象行政服务窗口。但是，防雷设计审核则要求申请人先到行政审批大厅窗口领取《防雷装置设计审核申请书》，再将填写的《防雷装置设计审核申请书》以及其他申报材料送气象局审核，再回到行政审批大厅窗口领取《防雷装置设计核准意见书》。在当地气象局设置的防雷设计审核程序中，政府统一设立的行政审批大厅气象窗口只能起到咨询和发证作用，申请人必须在行政服务中心、气象局之间“两头跑”，在行政服务中心设置的行政服务窗口形同虚设，违背了《行政许可法》第六条关于“实施行政许可，应当遵循便民的原则，提高办事效率，提供优质服务”的立法宗旨，也不符合该法第二十六条关于“行政许可需要行政机关内设的多个机构办理的，该行政机关应当确定一个机构统一受理行政许可申请，统一送达行政许可决定”的规定。

2. 防雷设计文件独立审查行为不符合行政法规规定。《国务院关于优化建设工程防雷许可的决定》（国发〔2016〕39号）已明确规定：将气象部门承担的房屋建筑工程和市政基础设施工程防雷装置设计审核、竣工验收许可，整合纳入建筑工程施工图审查、竣工验收备案，统一由住房城乡建设部门监管，切实优化流程、缩短时限、提高效率（2017年10月7日修正的 国务院《气象灾害防御条例》第二十三条已经对主管部门作了明确规定）。研发楼建设项目所在地气象机构仍独立进行建筑工程施工图防雷设计审查的行为，不符合法律规定。

3. 指定防雷器供应商的行为不符合法律规定。气象局以市场上购买的防雷器可能是“仿制品”为名，向防雷设计审核申请人指定防雷器供应商的行为，违反《行政许可法》第二十七条关于“行政机关实施行政许可，不得向申请人提出购买指定商品、接受有偿服务等不正当要求”的规定。

4. 受理申请材料不出具书面凭证的行为不符合法律规定。防雷设计审核申请材料齐全且符合法定形式，正式受理时，未向申请人出具加盖本行政机关专用印章和注明日期的书面凭证的行为，不符合《行政许可法》第三十二条第二款关于“行政机关受理或者不予受理行政许可申请，应当出具加盖本行政机关专用印章和注明日期的书面凭证”之规定。

直接发包工程备案合法性

“建设工程直接发包”一词来源于我国现行《招标投标法》第六十六条规定，是指建设工程属于国家关于“可以不进行招标”的情形，由建设单位将建设工程直接发包给勘察、设计或者施工单位的行为。

一、企业研发楼直接发包合法性

1. 依法必须实行招标的建设工程

依据《招标投标法》第三条规定，在中华人民共和国境内进行下列工程建设项目包括项目的勘察、设计、施工、监理以及与工程建设有关的重要设备、材料等的采购，必须进行招标（具体范围和规模标准，由国务院发展计划部门会同国务院有关部门制订，报国务院批准）:（1）大型基础设施、公用事业等关系社会公共利益、公众安全的项目;（2）全部或者部分使用国有资金投资或者国家融资的项目；（3）使用国际组织或者外国政府贷款、援助资金的项目。

国家发展和改革委员会于 2018 年 3 月 27 日发布的《必须招标的工程项目规定》（第 16 号令）就必须招标的工程建设项目范围和标准进行了详细规定。

2. 可以直接发包的建设工程

可以直接发包的建设工程分为两类：第一类是属于《招标投标法》规定的必须进行招标范围但不适于招标发包的建设工程（以下简称“不适于招标发包的建设工程”），第二类是不属于我国现行《招标投标法》规定的必须招标范围，由建设单位依法自主确定是否招标的建设工程（以下简称“由建设单位依法自主确定是否招标的建设工程”）。

第一类，不适于招标发包的建设工程。

所谓不适于招标发包的建设工程，是指虽属于法律明确规定的应当公开招标发包的范围，但因法定的特殊情势存在而不适于招标发包的建设工程。

依据我国 1998 年 3 月 1 日施行的《建筑法》第十九条，建筑工程依法实行招标发包，对不适于招标发包的可以直接发包。

依据《招标投标法》第三条对必须招标的四类建设项目作了明确规定，其中不包括民营企业自筹资金的建设项目；依据该法第六十六条，即使属四类必须招标的建设项目，涉及国家安全、国家秘密、抢险救灾或者属于利用扶贫资金实行以工代赈、需要使用农民工等特殊情况，不适宜进行招标的项目，按照国家有关规定可以不进行招标。

国务院《招标投标法实施条例》第九条规定，除招标投标法第六十六条规定的可以不进行招标的特殊情况外，有下列情形之一的，可以不进行招标：（1）需要采用不可替代的专利或者专有技术；（2）采购人依法能够自行建设、生产或者提供；（3）已通过招标方式选定的特许经营项目投资人依法能够自行建设、生产或者提供；（4）需要向原中标人采购工程、货物或者服务，否则将影响施工或者功能配套要求；（5）国家规定的其他特殊情形。

《工程建设项目施工招标投标办法》第十二条进一步规定，依法必须进行施工招标的工程建设项目有下列情形之一的，可以不进行施工招标：（1）涉及国家安全、国家秘密、抢险救灾或者属于利用扶贫资金实行以工代赈需要使用农民工等特殊情况，不适宜进行招标；（2）施工主要技术采用不可替代的专利或者专有技术；（3）已通过招标方式选定的特许经营项目投资人依法能够自行建设；（4）采购人依法能够自行建设；（5）在建工程追加的附属小型工程或者主体加层工程，原中标人仍具备承包能力，并且其他人承担将影响施工或者功能配套要求；（6）国家规定的其他情形。

《工程建设项目勘察设计招标投标办法》第四条也进一步规定，按照国家规定需要履行项目审批、核准手续的依法必须进行招标的项目，有下列情形之一的，经项目审批、核准部门审批、核准，项目的勘察设计可以不进行招标：（1）涉及国家安全、国家秘密、抢险救灾或者属于利用扶贫资金实行以工代赈、需要使用农民工等特殊情况，不适宜进行招标；（2）主要工艺、技术采用不可替代的专利或者专有技术，或者其建筑艺术造型有特殊要求；（3）采购人依法能够自行勘察、设计；（4）已通过招标方式选定的特许经营项目投资人依法能够自行勘察、设计；（5）技术复杂或专业性强，能够满足条件的勘察设计单位少于三家，不能形成有效竞争；（6）已建成项目需要改、扩建或者技术改造，由其他单位进行设计影响项目功能配套性；（7）国家规定其他特殊情形。

除此之外，依据《房屋建筑和市政基础设施工程施工招标投标管理办法》第十条，工程有下列情形之一的，经县级以上地方人民政府建设行政主管部门批准，可以不进行施工招标：（1）停建或者缓建后恢复建设的单位工程，且承包人未发生变更的；（2）施工企业自建自用的工程，且该施工企业资质等级符合工程要求的；（3）在建工程追加的附属小型工程或者主体加层工程，且承包人未发生变更的；（4）法律、法规、规章规定的其他情形。

第二类，由建设单位依法自主确定是否招标的建设工程。

所谓由建设单位依法自主确定是否招标的建设工程，是指不属于法律明确规定的应当招标发包的范围，建设单位可以自主决定通过公开招标方式发包、也可以自主决定不通过公开招标方式而直接发包的建设工程。

研发楼报建纪实显示，该企业研发楼不属于关系社会公共利益、公众安全的项目，也不属于全部或者部分使用国有资金投资或者国家融资的项目，更不属于使用国际组织或者外国政府贷款、援助资金的项目，因而不属于法律明确规定必须通过招标程序确定施工单位的建设工程，可以由建设单位自主确定施工单位。

据此，该民营企业研发楼采用直接发包的方式确定符合资质条件的施工单位，符合法律、法规规定。

二、直接发包建设工程备案事项设置合法性

研发楼所在地的2004年修正的《建筑市场管理条例》第十条第一款规定，工程项目发包，应当按照工程项目管理权限在省、设区的市、县（市）建设工程交易中心进行。至于该款所说的工程项目发包是否包括第二类由建设单位依法直接发包建设工程，该条例未明确。笔者理解应当不包括。因为，属于第二类由建设单位依法直接发包建设工程，如果建设单位决定自己直接发包，通常不会去建设工程交易中心发包，建设主管部门也没有理由要求直接发包的建设单位去建设工程交易中心发包。但是，该条例并未设置直接发包建设工程备案事项。

2001年原建设部《房屋建筑和市政基础设施工程施工招标投标管理办法》第十二条规定，招标人自行办理施工招标事宜的，应当在发布招标公告或者发出投标邀请书的5日前，向工程所在地县级以上地方人民政府建设行政主管部门备案。但是，依据该办法第二条，该办法只适用于“在中华人民共和国境内从事房屋建筑和市政基础设施工程施工招标投标活动”。因此，该办法第十二条所称的自行招标项目备案，应当是指第一类应当招标投标但“不适于招标发包的建设工程”，不包括第二类“由建设单位依法自主确定是否招标的建设工程”。住房和城乡建设部2018年修正后的《房屋建筑和市政基础设

施工程施工招标投标管理办法》也未见有第二类“由建设单位依法自主确定是否招标的建设工程”备案的规定。

综上，直接发包建设工程备案事项设置未见有法律、法规规定的依据。

三、直接发包建设工程备案条件设置合法性与合理性

研发楼建设所在地的招标投标管理办公室要求建设单位直接发包建设工程报送备案提交的申报材料有十余件，均未见有法律、法规、规章依据。

现就要求提交的部分申报材料合法性和合理性分析如下：

1. 依据研发楼所在地建设厅文件规定，要求发包人向建设行政主管部门下设的招标监督管理机构提出直接发包申请，填写房屋建筑和市政基础设施工程施工直接发包申请及审批表，缺乏法律、法规依据。

招标投标管理办公室设置的直接发包备案登记表，除了要求建设单位填写直接发包项目信息外，必须填写拟定的承包人名称、资质及资质证书编号，并分别填写拟定的承包方项目负责人、技术负责人、质量管理员、项目施工员、安全管理员的姓名和资质证书编号，工期以招标投标管理办公室核发的中标通知书为准，存在 3 项“为难”建设单位的嫌疑：第一，既然是建设工程直接发包备案，就应当是建设单位已经选定了建设工程承包人，不存在拟定承包人一说；第二，承包方施工资质、相关人员姓名及资质等情况应当由建设工程承包方提供，不应当要求建设单位提供；第三，既然是建设工程直接发包备案，施工合同应当已经签订并已经明确了工期，规定自建设工程直接发包备案并由招标投标管理办公室发放的中标通知书之日起计算工期不合情理。

2. 要求建设单位提供法定代表人身份证明及授权委托书、投资项目备案文（原件及复印件）、建设工程规划许可证（原件及复印件）、抗震审查批准书及施工图纸审查合格证书（原件及复印件）、公司章程（原件及复印件）等资料，也未见有法律、法规依据，且要求提交的证明材料不应当属于招标投

标管理机构审查的职责范围。

3. 设置直接发包建设工程备案网上申请必须用“密钥”方可进入网上申请程序，未见有法律、法规依据。

直接发包“密钥”网上申报制形成的实际效果是：为建设单位直接完成网上申报程序设置了障碍，导致建设单位必须委托招标代理机构代理申报，是一种变相要求建设单位必须委托招标代理机构进行有偿服务的一种行政强制性规定。

4. 要求向招标投标管理办公室提供：施工单位企业营业执照（原件及复印件）、资质等级证书（原件及复印件）、项目经理证书、B 类证（原件及复印件）、施工安全生产许可证（原件及复印件）、工程预算报价（加盖本单位公章、本单位本专业全国造价员章）、企业信用管理手册、向建管处缴纳的农民工工资保证金收据等资料，也未见有法律、法规依据。况且，即使要求直接发包的施工单位将施工合同报招标投标办公室备案是有法律、法规依据的，也没有必要在直接发包备案时要求建设单位另行提供施工单位的相关资质证明材料。因为，《建筑法》已有明确规定，建设单位在申请建筑工程施工许可证时，应当依法提供施工单位的相关资质证明材料。

四、直接发包建设工程备案收费合法性

建设工程直接发包备案需分别由工程建设单位、施工单位向招标投标管理办公室交纳综合服务费的规定，未见有法律、法规依据。

五、直接发包建设工程备案行为合法性

1. 否定直接发包工程建设单位已经形成的中标通知书效力，改由招标办重新核发中标通知书的规定，未见有法律、法规依据。

2001 年，研发楼所在地省级建设部门以文件形式制发了《房屋建筑和市

政基础设施工程施工直接发包管理暂行办法》。依据该办法第四条的规定，直接发包活动应当在建设工程交易中心进行。依据该办法第五条的规定，直接发包的工程除属于抢险救灾的以外，应当按照下列程序进行：（1）发包人应当在工程项目立项文件被批准或者报送备案之日起 30 日内，按照工程建设项目报建管理的有关规定，办理报建手续。（2）发包人向建设行政主管部门下设的招标监督管理机构提出直接发包申请，填写房屋建筑和市政基础设施工程施工直接发包申请及审批表，同时提交有关的证明文件以证明其拟直接发包的工程符合本办法第二条规定的情形。（3）招标办应当自接到发包人申请及审批表之日起 7 日内，指定经办人对发包人及拟直接发包工程的实际情况、有关证明文件和材料、拟定承包人及拟选派项目经理等情况进行调查核实，提出意见后报招标办负责人复核。招标办负责人复核并签署初审意见后报同级建设行政主管部门负责人批准。（4）直接发包申请被批准后，由建设行政主管部门授权招标办向发包人发出直接发包中标通知书。发包人与拟定承包人应当自上述通知书发出之日起 30 日内签订书面合同，并自合同签订之日起 7 日内，将合同报招标办备案。

市政府招标投标管理办公室将第二类“由建设单位依法自主确定是否招标的建设工程”直接发包设定为备案事项，否定建设单位已经签发的中标通知书效力，规定必须由招标投标管理办公室核发中标通知书，未见有法律、法规依据。

2. 否定建设单位自己编制的标底，要求建设单位必须委托招标代理机构重新编制标底，未见有法律、法规依据。

所谓标底，是业主针对准备公开招标的特定工程或者计划采购的特定设备而组织专门人员编制、测算形成的一个合理的基本价格。在建设工程公开招投标活动中，编制的标底是评标、定标的重要依据，在定标前属招标单位的绝密资料。

《工程建设项目施工招标投标办法》第二十一条规定，招标人符合法律规定的自行招标条件的，可以自行办理招标事宜。任何单位和个人不得强制其委托招标代理机构办理招标事宜。该办法第三十四条规定：招标人可根据项目特点决定是否编制标底。编制标底的，标底编制过程和标底在开标前必须保密。招标项目编制标底的，应根据批准的初步设计、投资概算，依据有关计价办法，参照有关工程定额，结合市场供求状况，综合考虑投资、工期和质量等方面的因素合理确定。标底由招标人自行编制或委托中介机构编制。一个工程只能编制一个标底。任何单位和个人不得强制招标人编制或报审标底，或干预其确定标底。

研发楼所在地建设部门以文件形式制发的《房屋建筑和市政基础设施工程施工直接发包管理暂行办法》规定，发包人需要对拟直接发包工程编制预算的，应当委托具有相应资格的中介机构编制。实际操作过程中，招标投标管理办公室受理直接发包备案的条件之一是：必须由有资质的代理机构编制标底并由代理机构先在网上提交申请。建设单位不得不根据招标投标管理办公室的要求，委托招标代理机构重新编制标底。非但如此，招标投标管理办公室要求先申请网上备案再提交纸质申请材料。由于建设单位不持有密钥，无法进入招标投标网上申请程序，也不得不委托招标代理机构进行网上申请。

3. 建设单位委托招标代理机构重新编制的标底必须按照备案文件审核人员的要求修改，未见有法律、法规依据。

直接发包工程备案网上填报通过后，招标投标管理办公室对建设单位提交的纸质申报资料进行了审查，认为申报资料齐全的同时，又对申报材料提出三点缺陷：第一，工程直接发包登记表需一式两份，而且都需要原件，招标投标管理办公室要在两份登记表上盖章，其中一份原件由招标投标管理办公室存档，另一份原件由建设方向建设项目质量监督机构提交，你只提交了一份，需再填写一份加盖你公司印章后补交；第二，招标代理机构编制的标底中按 0.35% 提取住房公积金不符合我市实际情况，实际操作中该项不取费，应当剔除该项取费；第三，中标单位的标书中仍按 3.51% 的税率提取不符合现行规定，营业税改增值税后应当按 11% 计提。招标投标管理办公室据此要求申请人补正并退回纸质申报材料。

笔者认为，既然是直接发包备案，建筑工程施工合同已经商定并已经签订。如果申报的材料存在缺陷，提示建设单位即可，是否更改，由建设单位自己决定，与直接发包备案没有关联性，不应当成为退回纸质申报材料的理由，更不应当要求建设单位必须更改标底。因为，标底只是建设单位选择、确定施工单位的参考资料之一，对标底中存在的无实质性影响的瑕疵改与不改，应当由建设单位决定。况且，中标人已经确定，改与不改已无实质意义。

4. 否定建设工程实际开工日期，规定直接发包工期自招标投标管理办公室签发中标通知书之日起算，未见有法律、法规依据。

招标投标管理办公室否定了直接发包已经形成的发包协议，也否定了建设工程实际开工日期，规定开工日期必须自招标投标管理办公室签发中标通知书之日起算。

工期自招标投标管理办公室签发中标通知书之日起算，实际上为直接发包的建设方、施工方之间埋下了争议隐患。直接发包备案申请是在工程建设单位采取直接发包的形式确定施工单位并签订建筑工程施工合同的前提下提出的，招标投标管理办公室以直接发包备案为由重新签发中标通知书，既不合法又不合理。建设单位既然确定了施工单位，就一定与施工单位协商确定了开工日期和竣工日期，而且确定了施工单位就意味着施工单位已经中标，再由招标投标管理办公室以签发中标通知书形式确定施工单位和开工日期，必定与建设单位、施工单位之间的在先施工合同相冲突，很容易因此诱发施工合同争议。

建设合同备案合法性

依据《建筑法》第八条第一款的规定，“确定建筑施工企业”是建设单位申请建筑工程施工许可的条件之一。

《建筑法》所说的建筑施工企业，是指专门从事建筑工程、市政公用工程、线路管道和设备安装工程及装修工程及其他建筑物、构筑物的新建、扩建、改建和拆除等活动的企业。该法第十三条规定，从事建筑活动的建筑施工企业、勘察单位、设计单位和工程监理单位，按照其拥有的注册资本、专业技术人员、技术装备和已完成的建筑工程业绩等资质条件，划分为不同的资质等级，经资质审查合格，取得相应等级的资质证书后，方可在其资质等级许可的范围内从事建筑活动。

研发楼报建过程中，在行政审批机关设置的报建条件引导下，建设单位与地质勘察单位、施工图纸设计单位、建筑施工单位等多方签订的委托合同均申请了备案。现分述委托合同备案的合法性。

一、建设工程委托地质勘察合同备案合法性

建设工程委托地质勘察，是因建设工程质量、安全需要，工程建设单位依法以合同形式委托有资质的专业地质勘察企业，采用地质测绘、勘探、室内实验、原位测试等方法，研究、评价工程建设场地的地质条件，接受受委托的专业地质勘察企业交付的研究、评价报告，为工程建设的规划、设计、施工提供必要的依据及参数的活动。工程地质条件通常是指建设场地的地形、地貌、地质构造、地层岩性、不良地质现象以及水文地质等条件。

《建筑法》第八条第一款第四项所说的“确定建筑施工企业”应当包括承揽该建设工程勘察业务的地质勘察企业。建设单位通过合同形式委托有资质的地质勘察企业承担建设工程地质勘察任务，是在《建筑法》第八条第一款强制性规定的引导下实施的一项民事法律行为。

笔者认为，岩土工程勘察文件、钻探原始记录、土工试验记录设置申请技术审查程序是必须的，但应当由建设单位在向审图中心提交建设工程设计文件时一并提交审查。至于建设单位以合同形式委托的地质勘察企业是否具备相应的资质，审图单位在接受图纸设计文件时要求提供勘察单位资质证明

文件或者在建设单位申请建筑工程施工许可时查验即可，再由行政机关在查验勘察单位资质证明文件时进行登记。设置独立的建设工程委托地质勘察合同备案程序不仅缺乏法律、法规依据，也没有必要。

二、建设工程委托施工图纸设计合同备案合法性

建设工程委托施工图纸设计，是因建设工程质量、安全需要，工程建设单位依法以合同形式委托有资质的专业设计企业，依据工程建设规划设计要求、工程建设场所地质状况、建筑工程强制性规范以及委托方的建设意图等第一手材料进行构思，通过施工图纸形式表达构思成果，向委托方交付施工图及其施工技术文件的活动。设计的施工图及其施工技术文件通常是建筑工程施工以及竣工验收的重要依据之一。

《建筑法》第八条规定的建设单位应当“确定建筑施工企业”，应当包括确定承揽该建设工程图纸设计业务的施工图设计企业。建设单位通过合同形式委托有资质的图纸设计企业承担建设工程图纸设计任务，也是在《建筑法》第八条第一款强制性规定的引导下实施的一项民事法律行为。

笔者同样认为，建设单位以合同形式委托的施工图设计单位是否具备相应的资质，在建设单位申请施工图设计文件审查时一并提交设计单位资质证明材料查验即可。行政机关在查验设计单位资质证明文件时进行登记就可以了，设置委托施工图设计合同备案程序既缺乏法律、法规依据，又没有必要。

三、建设工程委托施工合同备案合法性

建筑工程委托施工，是因建设工程质量、安全需要，工程建设单位依法以合同形式将建筑工程发包给有资质的工程建筑企业，要求承揽该工程建筑的企业依据建筑工程设计文件要求组织该建筑工程施工并向建设单位交付能够通过竣工验收的建筑工程的活动。

建筑工程施工合同是建设单位（发包人）与施工单位（承包人）之间为完成商定的建筑工程施工量，明确相互权利、义务关系签订的协议。

（一）直接发包施工合同备案事项设置合法性

1.《招标投标法》第四十六条规定，招标人和中标人应当自中标通知书发出之日起三十日内，按照招标文件和中标人的投标文件订立书面合同。招标人和中标人不得再行订立背离实质性内容的其他协议。第五十九条进一步规定，招标人与中标人不按照招标文件和中标人的投标文件订立合同的，或者招标人、中标人订立背离合同实质性内容的协议的，责令改正，可以处中标项目金额千分之五以上千分之十以下的罚款。该法第四十六条所说的合同，是指适用《招标投标法》应当公开招标的中标合同。至于应当公开招标的施工合同要不要备案，该法未有规定，直接发包工程施工合同要不要备案更没有规定。

2.《招标投标法实施条例》第五十七条规定，招标人和中标人应当依照招标投标法和本条例的规定签订书面合同，合同的标的、价款、质量、履行期限等主要条款应当与招标文件和中标人的投标文件的内容一致。招标人和中标人不得再行订立背离合同实质性内容的其他协议。该条例所说的合同，也是指适用《招标投标法》应当公开招标的中标合同。该条例也未就应当公开招标的施工合同备案作出规定，直接发包工程施工合同要不要备案也没有规定。

3. 2001 年《房屋建筑和市政基础设施工程施工招标投标管理办法》第四十七条规定，招标人和中标人应当自中标通知书发出之日起 30 日内，按照招标文件和中标人的投标文件订立书面合同；招标人和中标人不得再行订立背离合同实质性内容的其他协议。订立书面合同后 7 日内，中标人应当将合同送县级以上工程所在地建设行政主管部门备案。但该办法第二条规定，该办法适用于“在中华人民共和国境内从事房屋建筑和市政基础设施工程施工招标投标活动”。因此，该办法要求报送备案的合同，仍然是指适用《招标投标法》应当公开招标的中标合同，不包括第二类依法直接发包合同。

4. 研发楼工程所在地省级人大常委会制订，2004 年修正的《建筑市场管理条例》第三十一条规定，建筑工程施工合同签订后，发包人应当将合同分送建设行政主管部门或者有关主管部门、工商行政管理部门备案。合同可以使用国家和省发布的示范文本。该条例所说的施工合同是否包括第二类依法可以直接发包合同，未予以解释。依据该条例第二条第二款，在本行政区域内从事建筑市场活动，实施建筑市场监督管理，应当遵守本条例。研发楼建设工程直接发包，应当属于在本行政区域内从事建筑市场的一种活动，从这个意义上理解，研发楼建设工程直接发包施工合同签订后，建设单位也应当将合同分送建设行政主管部门或者有关主管部门、工商行政管理部门备案。但是，什么样的施工合同应当送建设行政主管部门备案，什么样的施工合同应当送有关主管部门备案，什么样的施工合同应当送工商行政管理部门备案，该条例未予以说明。因而，该条例所说的建筑工程施工合同备案不具有可操作性。此外，依据该条例第三十一条规定，合同可以使用国家和省发布的示范文本。但是，建设主管部门设置的建筑合同备案程序要求建设单位必须提供省发布的合同示范文本，否则不予以备案。此项设置则缺乏法律、法规依据。

研发楼工程所在地住房和城乡建设厅于 2015 年 1 月 16 日印发《建筑工程施工合同备案管理办法》。依据该办法第二条，该办法适用于本省行政区域内施工合同的备案管理；本省施工企业在省外承接的施工合同实行自愿备案。该办法涉及的本省区域内的施工合同备案是否具有强制性值得商榷，涉及的建筑工程施工合同是否包括第二类依法直接发包的施工合同也未予以解释。

（二）要求直接发包合同与备案的中标通知书内容相符的合理性

研发楼建设所在地的住房和城乡建设部门要求，直接发包工程建设单位取得招标投标管理办公室颁发的中标通知书后，用“密钥”进入招标投标管理网站，下载建筑工程施工合同格式文本，依据中标通知书内容填写施工合同并由建设单位、施工单位分别签章送备案机关审核通过后，将审核后的合同文本扫描上传网站备案。

根据研发楼建设所在地的住房和城乡建设部门要求进行直接发包工程施工合同备案，出现建设单位与施工单位订立两个合同文本：直接发包形成的在先施工合同文本，依据招标投标管理办公室颁发的中标通知书内容填写并经备案的施工合同格式文本。两个合同文本出现开工和竣工日期、工程款支付办法、双方的权利义务及其他多项条款不一致的情形（表3）。

表3　直接发包合同与备案格式合同主要差异

	内容	直接发包合同	备案的格式合同	备注
1	合同签订日期	2017.3.2	2017.5.2	
2	开工日期	2017.3.18	2017.5.6	实际2017.3.18
3	竣工日期	2017.8.18	2017.10.2	
4	合同价计算	不变价	材料价可调整	
5	工程款支付	按合同约定	按通用条款	

地方住房和城乡建设部门要求依据招标投标管理办公室颁发的中标通知书内容为依据填写施工合同格式文本并提交备案，与地方出台的《建筑市场管理条例》第三十一条“合同可以使用国家和省发布的示范文本”的规定不相符，因而该规定无法律、法规依据。

地方住房和城乡建设部门要求依据招标投标管理办公室颁发的中标通知书内容为依据填写施工合同格式文本并提交备案，导致直接发包的建设单位与施工单位之间先后形成两份施工合同。如果建设单位与施工单位之间发生合同争议，以哪份合同为准？依据甲乙双方的真实意思表示，应当“以在先签订的施工合同文本为准”。但是，《最高人民法院关于审理建设工程施工合同纠纷案件适用法律问题的解释》第二十一条规定，当事人就同一建设工程施工合同与经过备案的中标合同实质性内容不一致的，应当以备案的中标合同作为结算工程价款的依据。

为防止两个合同文本在执行过程中产生争议，研发楼建设单位不得不与施工单位在施工合同提交备案的同时，追加了一个“以在先签订的施工合同文本为准”的补充协议。

四、建筑工程委托监理合同备案合法性

监理一词有动词、名词之分。“监”，是监视、督察的意思，是对某项或多项活动及其目标实施视察、检查、评价、控制、纠偏、督促的具体行为；“理”，是一个哲学概念，通常指条理、准则。监理作为动词使用，是指以标准或准则为依据，对实施一项或多项活动的主体行为进行监视、督察、控制和评价的过程。监理作为名词使用，通常是指监理机构或者从事监理活动的专业人员，如监理工程师、监理单位。

建筑工程监理，是指具有法定资质条件的工程监理单位，根据发包人的委托，依照法律、行政法规及有关的建设工程技术标准、设计文件和建筑工程合同，对承包人在施工质量、建设工期和建设资金使用等方面，以建设单位委托人的名义对工程建设过程实施监督的专门活动。

建筑工程委托监理，是建设单位因缺乏监理能力或者精力，以合同形式将工程建筑过程中的质量、安全、进度等监督行为委托有资质的专业监理单位代为实施，要求监理单位代替委托方跟踪工程建筑过程，依据建筑工程施工许可文件、工程建筑规范、建筑工程设计图纸及技术文件、施工合同等对工程质量、安全、造价、工期等进行连续性监督和控制，督促委托方与施工方订立的建筑工程施工合同能够适当履行，并对监督和督促过程信息实施管理和控制的活动。在监理过程中，建设单位与监理单位之间是委托与被委托的合同关系，监理单位与施工单位之间是代位监理与被监理的关系。

依据《建筑法》第三十条，国家推行建筑工程监理制度。国务院可以规定实行强制监理的建筑工程的范围。

《建设工程质量管理条例》第十二条第二款规定，下列建设工程必须实行监理:（1）国家重点建设工程;（2）大中型公用事业工程;（3）成片开发建设的住宅小区工程;（4）利用外国政府或者国际组织贷款、援助资金的工程;（5）国家规定必须实行监理的其他工程。

依据原建设部《建设工程监理范围和规模标准规定》，必须实行监理的建设工程界定为：

（1）国家重点建设工程，是指依据《国家重点建设项目管理办法》所确定的对国民经济和社会发展有重大影响的骨干项目。

（2）大中型公用事业工程，是指项目总投资额在3000万元以上的供水、供电、供气、供热等市政工程项目；科技、教育、文化等项目；体育、旅游、商业等项目；卫生、社会福利等项目；其他公用事业项目。

（3）成片开发建设的住宅小区工程，主要是指建筑面积在5万平方米以上的住宅建设工程以及高层住宅及地基、结构复杂的多层住宅。

（4）利用外国政府或者国际组织贷款、援助资金的工程，是指利用外国政府或者国际组织贷款、援助资金的使用世界银行、亚洲开发银行等国际组织贷款资金的项目；使用国外政府及其机构贷款资金的项目；使用国际组织或者国外政府援助资金的项目。

（5）国家规定必须实行监理的其他项目，是指总投资额在3000万元以上，关系社会公共利益、公众安全的项目，包括：煤炭、石油、化工、天然气、电力、新能源等项目；铁路、公路、管道、水运、民航以及其他交通运输业等项目；邮政、电信枢纽、通信、信息网络等项目；防洪、灌溉、排涝、发电、引（供）水、滩涂治理、水资源保护、水土保持等水利建设项目；道路、桥梁、地铁和轻轨交通、污水排放及处理、垃圾处理、地下管道、公共停车场等城市公共设施项目；生态环境保护项目；学校、影剧院、体育场馆项目以及其他基础设施项目。

在研发楼建筑开工前，建设单位打算聘请一位退休的建筑工程专业技术人员实施研发楼建设监理事务，但因委托监理分别被列为直接发包合同备案、安全监督备案、质量监督登记、施工许可等申请事项的必备条件之一，建设单位不得不放弃自行聘请专业人员监理的设想，不得不与有资质的监理公司签订委托监理合同。

前文所涉及的研发楼项目，不属于《建筑法》及其他法律、法规规定必须实行监理的建设工程，地方建设行政主管部门以设置审批条件的方式要求建设单位必须委托有资质的监理机构监理并设置监理合同备案程序，缺乏法律、法规依据。

笔者注意到，2015 年 1 月 22 日，研发楼建设所在地的住房和城乡建设厅依据国家住房城乡建设部《关于推进建筑业发展和改革的若干意见》及其内部批复，印发《关于明确非国有资金投资工程发包方式等有关问题的通知》，要求“非国有资金投资工程选择直接发包的，发包人应当依法将工程发包给具有相应资质的承包单位，对勘察、设计、施工、监理、材料设备供应商等单位的选择承担相应的责任，并按规定到项目所在地建设行政主管部门办理合同备案手续”。

由此可见，本文研发楼建筑工程勘察、设计、施工、监理合同备案，主要依据的是地方住房和城乡建设厅制发的内部文件。依据《国务院行政审批制度改革工作领导小组关于印发〈关于贯彻行政审批制度改革的五项原则需要把握的几个问题〉的通知》（国审改发〔2001〕1 号）关于“设定行政审批的法律文件，必须符合我国立法体制的要求，遵循法制统一原则。即设定行政审批的法律文件必须符合法定权限和程序，下位法不得与上位法的规定及其精神相抵触”的合法性原则，研发楼工程所在地的《建筑市场管理条例》只是对建筑工程施工合同备案作出原则性管理规定，而没有设定行政审批，研发楼工程所在地住房和城乡建设厅以文件形式规定“到项目所在地建设行政主管部门办理合同备案手续”，缺乏法律、法规依据。如果行政机关需要对勘察、设计、施工、监理单位资质登记，完全可以要求建设单位在提交建筑工程施工许可申请材料时一并提交勘察、设计、施工、监理单位资质证明材料，在查验时进行登记，设置勘察、设计、施工、监理合同备案程序没有多大的实质意义。

建设工程安全监督备案合法性

建设工程安全监督，是为了消除或控制工程建设过程中的危险因素，保障施工人员及现场其他人员安全健康，防止出现人身伤亡、环境污染、建设工程和施工设备设施损坏等事故，由法定的国家机关或者法律、法规授权的社会组织依据相关法律、规范对工程建设过程中的施工人员、机械设备、施工材料、环境设施、施工方法等配置和运作进行跟踪检查和督促的职权行为。

建设工程安全监督的主要特点:（1）监督目的，是为了消除或控制工程建设过程中的危险因素，保障施工人员及现场其他人员安全健康，防止出现人身伤亡、环境污染、建设工程和施工设备设施损坏等事故。（2）实施主体，是法定的国家机关或者法律、法规授权的社会组织。（3）监督对象，是工程建设过程中的施工人员、机械设备、施工材料、环境设施、施工方法等配置。（4）监督性质，是依据法律或者规范的职权行为。

由此可见，依据法律、规范对建设工程实施安全监督是法定的国家机关或者法律、法规授权的社会组织的一项必须作为的义务。

一、建设工程安全监督备案事项设置合法性

《建筑法》规定，建筑工程安全生产管理必须坚持安全第一、预防为主的方针，建立健全安全生产的责任制度和群防群治制度；建筑工程设计应当符合按照国家规定制定的建筑安全规程和技术规范，保证工程的安全性能；建筑施工企业在编制施工组织设计时，应当根据建筑工程的特点制定相应的安

全技术措施；对专业性较强的工程项目，应当编制专项安全施工组织设计，并采取安全技术措施；建筑施工企业应当在施工现场采取维护安全、防范危险、预防火灾等措施；有条件的，应当对施工现场实行封闭管理；施工现场对毗邻的建筑物、构筑物和特殊作业环境可能造成损害的，建筑施工企业应当采取安全防护措施；建设单位应当向建筑施工企业提供与施工现场相关的地下管线资料，建筑施工企业应当采取措施加以保护；建筑施工企业应当遵守有关环境保护和安全生产的法律、法规的规定，采取控制和处理施工现场的各种粉尘、废气、废水、固体废物以及噪声、振动对环境的污染和危害的措施。建设行政主管部门负责建筑安全生产的管理，并依法接受劳动行政主管部门对建筑安全生产的指导和监督。有下列情形之一的，建设单位应当按照国家有关规定办理申请批准手续：（1）需要临时占用规划批准范围以外场地的；（2）可能损坏道路、管线、电力、邮电通讯等公共设施的；（3）需要临时停水、停电、中断道路交通的；（4）需要进行爆破作业的；（5）法律、法规规定需要办理报批手续的其他情形。

民营企业研发楼建设不在《建筑法》规定的应当办理安全监督批准手续的范围之内。

依据《建设工程安全生产管理条例》第十条，建设单位在申请领取施工许可证时，应当提供建设工程有关安全施工措施的资料。依法批准开工报告的建设工程，建设单位应当自开工报告批准之日起 15 日内，将保证安全施工的措施报送建设工程所在地的县级以上地方人民政府建设行政主管部门或者其他有关部门备案。何为“依法批准开工报告的建设工程”？依据《建筑法》第七条第二款的规定，是指“按照国务院规定的权限和程序批准开工报告”而“不再领取施工许可证”的建筑工程。研发楼建设不属于依法批准开工报告的建设工程，因而不需要将保证安全施工的措施报送建设工程所在地的县级以上地方人民政府建设行政主管部门或者其他有关部门备案。

依据《建设工程安全生产管理条例》第三十九条、第四十条的规定，县级以上地方人民政府负责安全生产监督管理的部门依照《中华人民共和国安全生产法》的规定，对本行政区域内建设工程安全生产工作实施综合监督管理；县级以上地方人民政府建设行政主管部门对本行政区域内的建设工程安全生产实施监督管理。县级以上地方人民政府交通、水利等有关部门在各自的职责范围内，负责本行政区域内的专业建设工程安全生产的监督管理。

笔者注意到，住房城乡建设部于2014年10月24日以文件形式发布了《房屋建筑和市政设施工程施工安全监督规定》，该规定第九条规定了监督机构实施工程项目的施工安全监督程序，将“受理建设单位申请并办理工程项目安全监督手续”列为监督机构实施工程项目安全监督的前提条件。笔者认为，该前提条件的设置缺乏法律、法规依据。至于建设单位的申请是否具有备案性质，该文件未予以解释。

二、建设工程安全监督备案条件设置合法性和合理性

建设行政主管部门设置建设工程安全监督备案程序和条件，未见有法律依据。

建设工程安全监督备案条件设置的申报材料有15类共20多件，其中多数申报材料与建设工程安全监督工作性质没有关联性，而且为工程建设单位设置了多项前置审批环节，将法定的建设工程安全监督职权行为设置为环环紧扣的建设工程安全条件审批事项。

1. 要求建设单位编制建设工程安全监督档案手册。手册内容：（1）填写建设工程安全监督申请表和建设工程安全监督申请书。申请表内容包括工程概况，建设单位、勘察单位、设计单位、施工单位、监理单位等五方责任主体组织机构代码、资质证书号以及法定代表人、项目负责人、现场负责人等姓名、资质证书号、联系电话等信息，以及施工单位项目经理、技术负责人、安全员等姓名、资质证书号、联系电话等信息，分别由五方责任主体签署意见并加盖单位印章，实行五方责任主体内部分别审批制。（2）五方责任主体分别填写安全生产承诺书，实行由五方责任主体法定代表人、现场负责

人分别签名审批制。（3）由建设方绘制施工现场平面布置图，标注施工图位置，填写建设单位项目负责人、监理单位总监理工程师、施工单位技术负责人、项目经理等姓名，实行分别由相关责任人签名并分别加盖建设单位、监理单位、施工单位印章的内部审批制。（4）填写施工现场周边环境及地下设施情况交底表共10项内容，实行分别由交底方（建设单位）、见证方（监理单位）、接收方（施工单位）负责人签名并加盖单位印章的内部审批制。（5）编制安全防护及文明施工措施费支付计划，按规定的标准拨付给建设工程管理处并按施工宣传、安全培训教育、施工用电防护措施等18个项目分解措施费金额、支付比例和计划使用时间，实行由施工单位项目经理、监理单位总监理工程师、建设单位项目负责人分别签名并由单位分别盖章的内部审批制。变现场监督职能为安全条件行政审核职能，未见有法律、法规依据。

2. 要求提供施工中标通知书、施工合同、施工企业安全生产许可证（提供原件核查，复印件留存，一式两份），尤其是要求建设单位提供施工企业安全生产许可证，变现场监督职能为安全条件行政审核职能，未见有法律、法规依据。

3. 要求建设单位在安全监督申报时提供施工单位项目经理B证及建造师证复印件、专职安全生产管理人员C证等安全生产知识考核合格证书（提供原件，复印件留存，一式两份），变现场监督职能为安全条件行政审核职能，未见有法律、法规依据。

4. 要求建设单位安全监督申报时提供工程监理单位人员单个项目备案表和建设单位安全管理人员花名册（需提供监理人员证件复印件留存，一式两份），尤其是要求建设单位提供工程监理单位人员单个项目备案表，变现场监督职能为安全条件行政审核职能，未见有法律、法规依据。

5. 要求建设单位在安全监督申报时提供施工现场安全管理网络及安全技术措施，变现场监督职能为安全条件行政审核职能，未见有法律、法规依据。

6. 要求建设单位安全监督申报时提供经施工单位和监理单位审批、审核的施工组织设计，变现场监督职能为安全条件行政审核职能，未见有法律、法规依据。

7. 要求编制工程项目安全生产事故应急救援预案，包括综合预案、专项预案和现场处置预案，变现场监督职能为安全条件行政审核职能，未见有法律、法规依据。

8. 要求建设单位安全监督申报时提供施工单位特种作业人员证件（提供原件核查、复印件留存，其中架子工证不少于三本，每台塔吊至少提供一本司机证件和一本指挥司索证件），除架子工外其他特殊工种不得同时与其他在建工程报监材料中重复，变现场监督职能为安全条件行政审核职能，未见有法律、法规依据。

9. 要求提供可能危及电力设施安全的施工作业审批表，附施工现场平面图，分别由基层用电所、供电公司、建设部门、经信部门签署意见并加盖单位印章，擅自设置前置行政审批事项，而且在一张审批表中又设置了 4 项行政审核环节，未见有法律、法规依据。

10. 要求建设单位安全监督申报时提供建设工程合同备案登记表，变现场监督职能为安全条件行政审核职能，未见有法律、法规依据。

11. 要求提供由建设工程所在地基层政府建设管理机构核准的建设工程办理手续核准表，加盖该建设管理机构印章，擅自设置前置行政审批事项，而且设置了 1 项行政审核环节，未见有法律、法规依据。

12. 要求建设单位安全监督申报时提供施工单位意外伤害保险、劳保统筹、农民工保险金、安全防护文明施工措施费（外地建筑企业进本市还需要缴纳信用保证金）等缴纳证明文件，变现场监督职能为安全条件行政审核职能，未见有法律、法规依据。

13. 要求建设单位安全监督申报时提供施工单位塔吊、脚手架等建筑施工危险性较大的分部分项工程申报清单，且要求该清单必须由施工单位项目经理、监理单位总监理工程师、建设单位项目负责人分别签名并由单位分别盖章，变现场监督职能为安全条件行政审核职能，未见有法律、法规依据。

三、建设工程安全监督备案收费合法性

1. 建设工程管理处以安全施工宣传画名义收取其他费用500元，未见有法律、法规依据。

2. 建设工程管理处收取安全监督通知书工本费300元，未见有法律、法规依据。

四、建设工程安全监督备案行为合法性和合理性

安全报建窗口工作人员认为提交的申报材料不符合要求，并交给申请人一张不符合要求清单，提示申请人如何完善，符合《行政许可法》的规定。

但是，建设工程安全监督是县级以上建设行政主管部门的一项职责和义务。现行的建设工程安全监督网上报备、纸质材料报备既缺乏法律、法规依据，又存在形式化的嫌疑，主要表现在：

1. 重申报材料审查，轻现场监管。建设工程安全监督机构要求建设单位网上填报并提供纸质证明材料，全面审查建设单位工程报建文件、施工单位资质及其施工组织设计方案、监理单位资质等材料，以证明工程建设行为符合安全规范，并通过建设单位、勘察单位、设计单位、施工单位、监理单位分别作出安全承诺的形式，以确认工程建设符合安全规范要求，整个安全监督备案过程存在为建设工程安全监督机构收集已经适当履行了安全监督义务证据材料的嫌疑。建设单位取得安全监督备案通知书后，建设工程安全监督机构举办过1次要求建设方负责人、施工方项目经理、监理方总监参加的安全监督会议，统一举行过两次安全监督现场巡查（要求建设单位通知施工方项目经理、监理方总监到场），派安全监督员到现场监督的次数不超过3次，安全监督存在形式化的嫌疑。

2. 申报指南交代不清。例如，申报指南列施工现场LBS定位考勤人员申

报表为申报材料之一，而实际提交申报材料时又告知“不需要”该申报表，导致申请人白跑电信公司申办施工现场LBS定位考勤人员申报表。又如，可能危及电力设施安全的施工作业审批表上并未设置由基层电力管理所审核盖章栏，实际操作中要求由基层电力管理所审核盖章；基层电力管理所认为“施工用电用的是建设单位自备的变压器，施工现场又远离高压线路，不需要编制临时用电方案”，而电力供应机构未见到有编制的临时用电方案就不予审批，无任何法律、法规依据，属随意设置行政审批条件的行为。

3. 未认真核实施工现场人员。至于申报的五方责任主体安全责任是否落实到位、施工现场人员是否与申报的人员对得上号，则并未严格现场确认。建设单位根据施工单位、监理单位提供的现场人员资格证书填报的人员，连建设单位自己也从未见过，安全监督机构也未对“持证人员与施工现场人员”是否相符进行现场核实。

4. 审批与监督职能未分开。在建设工程安全监督申请受理时、审核窗口人员审查通过安全监督申报材料后、建设工程安全监督号通知书发放前，窗口工作人员均要求建设单位通知施工方项目经理、监理方总监理工程师以及设计单位、勘察单位技术负责人到施工现场接受安全监督并在建设工程现场安全监督告知书上签名，窗口工作人员既行使行政审批职能又行使现场监督职能，不符合行政审批职能与行政监督职能分开的原则。

5. 存在前台、后台重复审核现象。（1）申报材料经窗口初审后，窗口工作人员要求申请单位按工程造价的2%提取安全防护文明施工措施费并缴存到建设工程安全监督机构，该笔费用由建设工程安全监督机构监督使用，缴费完成后再持建设工程安全监督机构出具费用已缴存的证明材料来窗口办理；（2）安全监督窗口认为建设工程安全监督申报材料符合要求后，要求申请人再次去建设工程管理处，由建设工程管理处财务科核实安全防护文明施工措施费、农民工保证金等相关费用交纳情况并出具已经交纳的证明文件，持证明文件到财务科负责人办公室请求开通建设工程安全监督内网审批程序；（3）窗口打印建设工程施工安全监督通知书前，又一次要求申请人去建设工程管理处，按照建设工程管理处规定交纳建设工程安全文明宣传画费，领取安全文明宣传画；（4）窗口工作人员到施工现场，告知建设方、勘察方、设计方、施工方、监理方五方责任主体建设项目负责人签名形成的《建设工程现场安全监督告知书》是建设工程安全监督通知书发放的最后一个审核环节，要求建设单位持该建设工程现场安全监督告知书去建设工程安全监督机构送审并加盖审核印章，方可到窗口领取建设工程安全监督通知书；（5）申报审核程序全部完成后，窗口工作人员又一次通知申请单位去建设工程管理处交纳建设工程安全监督通知书工本费，在建设工程管理处领取建设工程安全监督通知书。这种前台、后台重复审核的程序设置，导致申请人在行政审批中心受理窗口、安全监督机构之间往返了 5 次以上。

五、安全监督竣工申请设置合法性

前文所述研发楼建筑所在地建设行政主管部门设置了安全监督竣工申请程序，是否符合法律规定？

竣工验收是指建设工程项目竣工后，由建设单位会同设计、施工、设备供应单位及工程质量监督等部门，对该项目是否符合规划设计要求以及建筑施工和设备安装质量进行全面检验后，取得竣工合格资料、数据和凭证的过程。

《建筑法》第六十一条第二款规定：建筑工程竣工经验收合格后，方可交付使用；未经验收或者验收不合格的，不得交付使用。

依据住房和城乡建设部 2013 年以文件形式出台的《房屋建筑和市政基础设施工程竣工验收规定》（建质〔2013〕171 号）第五条的规定，工程符合下列要求可进行竣工验收：（1）完成工程设计和合同约定的各项内容。（2）施工单位在工程完工后对工程质量进行了检查，确认工程质量符合有关法律、法规和工程建设强制性标准，符合设计文件及合同要求，并提出工程竣工报告。工程竣工报告应经项目经理和施工单位有关负责人审核签字。（3）对于委托监理的工程项目，监理单位对工程进行了质量评估，具有完整的监理资料，并提出工程质量评估报告。工程质量评估报告应经总监理工程师和监理单位有关负责人审核签字。（4）勘察、设计单位对勘察、设计文件及施工过程中由设计单位签署的设计变更通知书进行了检查，并提出质量检查报告。质量检查报告应经该项目勘察、设计负责人和勘察、设计单位有关负责人审核签字。（5）有完整的技术档案和施工管理资料。（6）有工程使用的主要建筑材料、建筑构配件和设备的进场试验报告，以及工程质量检测和功能性试验资料。（7）建设单位已按合同约定支付工程款。（8）有施工单位签署的工程质量保修书。（9）对于住宅工程，进行分户验收并验收合格，建设单位按户出具《住宅工程质量分户验收表》。（10）建设主管部门及工程质量监督机构责令整改的问题全部整改完毕。（11）法律、法规规定的其他条件。

依据该规定文件第六条的规定，工程竣工验收应当按以下程序进行：（1）工程完工后，施工单位向建设单位提交工程竣工报告，申请工程竣工验收。实行监理的工程，工程竣工报告须经总监理工程师签署意见。（2）建设单位收到工程竣工报告后，对符合竣工验收要求的工程，组织勘察、设计、施工、监理等单位组成验收组，制定验收方案。对于重大工程和技术复杂工程，根据需要可邀请有关专家参加验收组。（3）建设单位应当在工程竣工验收7个工作日前将验收的时间、地点及验收组名单书面通知负责监督该工程的工程质量监督机构。（4）建设单位组织工程竣工验收。

可见，建筑工程竣工验收应当在建设单位组织下进行。建设单位应当在工程竣工验收7个工作日前将验收的时间、地点及验收组名单书面通知负责监督该工程的工程质量监督机构。现行法律、法规、规章并未设置建设单位向行政机关申请竣工验收的程序，更未设置安全监督竣工申请程序。

建设行政主管部门设置安全监督竣工申请程序，未见有法律、法规依据。

建设工程质量监督登记合法性

建设工程质量监督，是依据国家法律、法规以及工程建设强制性标准，由建设行政主管部门或者其委托的建设工程质量监督机构对建设工程责任主体、相关单位履行建设工程质量责任的行为以及建设工程实体质量监督检查，防止出现建设工程质量缺陷、维护公众利益的一项行政执法行为。所谓建设工程责任主体，主要是指参与工程建设项目的建设单位、勘察单位、设计单位、施工单位和监理单位。所谓相关单位，主要是指工程质量检测机构以及向施工现场提供商品混凝土及其他建筑材料的供货商。

一、建设工程质量监督登记事项设置合法性

《建筑法》涉及建设工程质量监督的具体规定如下：

（1）第八条第一款第六项。申请领取施工许可证，应当具备“有保证工程质量和安全的具体措施”的条件。

（2）第五十二条。建筑工程勘察、设计、施工的质量必须符合国家有关建筑工程安全标准的要求，具体管理办法由国务院规定。

（3）第五十六条。建筑工程的勘察、设计单位必须对其勘察、设计的质量负责。勘察、设计文件应当符合有关法律、行政法规的规定和建筑工程质量、安全标准、建筑工程勘察、设计技术规范以及合同的约定。设计文件选用的建筑材料、建筑构配件和设备，应当注明其规格、型号、性能等技术指标，其质量要求必须符合国家规定的标准。

（4）第五十八条至第六十三条。建筑施工企业对工程的施工质量负责。建筑施工企业必须按照工程设计图纸和施工技术标准施工，不得偷工减料。

工程设计的修改由原设计单位负责，建筑施工企业不得擅自修改工程设计。建筑施工企业必须按照工程设计要求、施工技术标准和合同的约定，对建筑材料、建筑构配件和设备进行检验，不合格的不得使用。建筑物在合理使用寿命内，必须确保地基基础工程和主体结构的质量。建筑工程竣工时，屋顶、墙面不得留有渗漏、开裂等质量缺陷；对已发现的质量缺陷，建筑施工企业应当修复。交付竣工验收的建筑工程，必须符合规定的建筑工程质量标准，有完整的工程技术经济资料和经签署的工程保修书，并具备国家规定的其他竣工条件。建筑工程竣工经验收合格后，方可交付使用；未经验收或者验收不合格的，不得交付使用。建筑工程实行质量保修制度。建筑工程的保修范围应当包括地基基础工程、主体结构工程、屋面防水工程和其他土建工程，以及电气管线、上下水管线的安装工程，供热、供冷系统工程等项目；保修的期限应当按照保证建筑物合理寿命年限内正常使用，维护使用者合法权益的原则确定。具体的保修范围和最低保修期限由国务院规定。任何单位和个人对建筑工程的质量事故、质量缺陷都有权向建设行政主管部门或者其他有关部门进行检举、控告、投诉。

《建筑法》未见有建设工程质量监督登记的规定。

不可回避的是，《建设工程质量管理条例》第十三条规定“建设单位在领取施工许可证或者开工报告前，应当按照国家有关规定办理工程质量监督手续”，但是，该条并未将办理质量监督手续设定为应申请的行政登记事项。

笔者认为，《建设工程质量管理条例》第十三条所说的“按照国家有关规定办理工程质量监督手续”的主体，只能是行政机关。如果办理工程质量监督手续由建设单位提出申请，似乎不合情理。第一，依据《建筑法》立法宗旨，建设单位在取得施工许可证后方可开工建设。建设单位取得施工许可证，就意味着建设单位已经具备符合质量、安全等措施的施工条件，建设行政主管部门在核发施工许可证前，应当就建设单位是否具备符合条件的质量措施一并审查，同时依据建设单位的施工许可申请启动该项工程质量监督程序，没有必要另行要求建设单位申请办理该项工程质量监督手续。第二，建设工程质量监督是建设工程质量监督机构的职责和义务，并非因申请的行政审批事项，建设工程质量监督机构不得以建设单位未提出申请为由不履行建设工程质量监督义务。第三，该条例第十三条明确的是“办理”而不是“申请办理”，“办理工程质量监督手续”的主体只能是行政机关。第四，根据住房和城乡建设部《建筑工程施工许可管理办法》第四条第六项规定，非专业性较强的工程项目不需要办理工程质量、安全监督手续。

住房和城乡建设部《建筑工程施工许可管理办法》第四条第六项规定：“有保证工程质量和安全的具体措施。施工企业编制的施工组织设计中有根据建筑工程特点制定的相应质量、安全技术措施。建立工程质量安全责任制并落实到人。专业性较强的工程项目编制了专项质量、安全施工组织设计，并按照规定办理了工程质量、安全监督手续。”可见，该规定也只是要求一般的建设工程项目“施工企业编制的施工组织设计中有根据建筑工程特点制定的相应质量、安全技术措施”，“建立工程质量安全责任制并落实到人”，专业性较强的工程项目才要求编制专项质量、安全施工组织设计，并“按照规定办理了工程质量、安全监督手续”。直接发包的企业研发楼建设工程项目不属于专业性较强的工程项目，施工企业编制的施工组织设计中有根据建筑工程特点制定的相应质量、安全技术措施，建立工程质量安全责任制并落实到人即可。

二、建设工程质量监督登记条件设置合法性

建设工程质量监督登记是分两步实施的：第一步，申请建设工程质量监督号；第二步，申请建设工程质量监督登记。两步申请要求建设单位提供13类共20多件申报材料。

1. 要求提供建设工程质量监督申报表，未见有法律、法规依据。建设工程质量监督申报表要求填写的主要内容（与建设工程安全监督申报表大同小

异）:（1）建设单位名称、工程名称、建设地址、项目编码等内容;（2）建设单位向工程质量监督站所作的质量承诺以及联系人、联系电话等内容;（3）建设工程分类、面积、申报前期手续完备情况等信息;（4）建设方、勘察方、设计方、监理方、施工方五方责任主体单位信息及其法定代表人、项目负责人姓名、资质等级及其资质证号、身份证号、联系电话等信息。

2. 要求提供安全监督通知书复印件，加盖建设单位印章，核查原件，未见有法律、法规依据。

3. 在施工许可证核发时要求提供盖有审图办印章的施工图设计文件审查意见书及回复是符合法律规定的，但设置质量监督申请程序要求提供上述资料则未见有法律、法规依据。

4. 要求提供招标投标管理办公室核发的建设工程直接发包中标通知书，未见有法律、法规依据。

5. 要求提供建设工程委托监理合同复印件两份，附监理合同备案通知书复印件、监理单位法定代表人身份证、总监身份证和资格证复印件，未见有法律、法规依据。

6. 要求提供经备案的施工承包合同复印件两份，附施工合同备案通知书复印件、施工单位法定代表人身份证复印件、项目经理身份证和资格证复印件，未见有法律、法规依据。

7. 要求提供经施工方、监理方分别审批的施工组织设计，未见有法律、法规依据。

8. 在施工许可证核发时要求提供建设工程规划许可证复印件、抗震设防审查证书复印件、施工图纸审查合格证书复印件是符合法律规定的，设置质量监督申请程序要求提供其他资料则未见有法律、法规依据。

9. 要求在申请质量监督登记时提供加盖审图印章的全套施工图，未见有法律、法规依据。

10. 要求在申请质量监督登记时提供地质勘探报告复印件，未见有法律、法规依据。

11. 要求提供五方责任主体（建设方、施工方、设计方、勘察方、监理方）信息档案表，附五方责任主体法定代表人授权委托书原件、项目负责人终身质量承诺书原件，未见有法律、法规依据。

12. 要求提供设计合同复印件，附设计单位法定代表人身份证复印件、项目负责人身份证和资格证复印件，未见有法律、法规依据。

13. 要求提供勘察合同复印件，附勘察单位法定代表人身份证复印件、项目负责人身份证和资格证复印件，未见有法律、法规依据。

以上材料除原件外，要求所有的复印件全部加盖公司印章，以证明与原件相一致，未见有法律、法规依据。

三、收取建设工程质量监督登记工本费合法性

建设工程质量监督机构在打印建设工程质量监督通知书前，要求申请单位缴纳 60 元工本费，未见有法律、法规依据。

四、建设工程质量监督登记行为合法性

1. 建设单位必须申请并取得建设工程质量监督号方可进入质量监督程序，未见有法律、法规依据。建设工程质量监督是建设工程质量监督机构的一项法定职责和义务，是建设行政主管部门依职权的行政行为而并非依申请的行政行为。研发楼基础混凝土浇筑在即，建设单位请求建设工程质量监督机构启动现场质量监督程序，建设工程质量监督机构则认为：建设单位必须申请并取得建设工程质量监督号是前提条件，否则不能派质量监督人员去现场，应当属于一种行政渎职行为。

2. 建设工程质量监督网上申报通过后，仍要求申请单位提交申请表及 13 类共 20 多项附件材料，而且复印件必须加盖建设单位印章，且必须提供原件供审核，未见有法律、法规依据。

3. 经备案的监理合同扫描件打印后加盖建设单位、监理单位印章，即意味着合同双方视该合同为原件，建设工程质量监督机构窗口工作人员主观判断为“不是原件”，导致申请人找领导打招呼、多跑腿。

此外，认为申报材料不符合要求而不予以受理时未向申请单位提供补充材料书面清单，导致申请单位与窗口之间产生单个申报材料是否已经提交的争议；申报材料符合质量监督机构要求决定予以受理时未向申请单位提供受理通知，导致审批时限无据可查。诸如此类不规范的受理行为，不符合《行政许可法》的相关规定。

建筑工程施工许可合法性

建筑工程施工许可，是县级以上建设行政主管部门为维护建筑市场秩序，保证建筑工程质量和安全，加强所辖区域内房屋建造、装修装饰、市政基础设施工程及其配套线路、管道、设备等附属设施建筑活动的监督管理，根据建设单位申请，依据《建筑法》及相关的法律、法规、规章规定审查，准予其开工建设的行为。

一、施工许可事项设置合法性

《建筑法》第七条规定：建筑工程开工前，建设单位应当按照国家有关规定向工程所在地县级以上人民政府建设行政主管部门申请领取施工许可证；但是，国务院建设行政主管部门确定的限额以下的小型工程除外。据此，建筑工程施工许可事项设置符合现行法律规定。

二、施工许可条件设置合法性

依据《建筑法》第八条的规定，申请领取施工许可证应当具备的条件共8项，现分别讨论如下：

1. 已经办理该建筑工程用地批准手续。所谓已经办理该建筑工程用地批准手续，是指国家行政机关根据投资主体的申请，已经依法审核并作出许可决定，办理了该建筑工程用地批准手续。所谓用地批准手续，是指该建筑工程土地使用权批准手续。

如何体现已经办理该建筑工程用地批准手续？就建设项目投资主体而言，应当依据国家土地管理法律、法规规定向政府土地管理机关提出建设用地申请，取得该建筑工程用地许可手续或者临时用地手续。

就研发楼报建案例而言，建设单位能够提供与土地管理部门签订的建设用地协议或者土地管理部门颁发的建设用地批准手续应当可以证明“已经办理该建筑工程用地批准手续”。

2. 在城市规划区的建筑工程，已经取得规划许可证。这里所说的规划许可证，应当是指建设工程规划许可证。

就研发楼报建案例而言，建设单位提供城市规划部门颁发的《建设工程规划许可证》应当可以证明“在城市规划区的建筑工程，已经取得规划许可证”。

3. 需要拆迁的，其拆迁进度符合施工要求。研发楼建设例不涉及拆迁，在此不作讨论。

4. 已经确定建筑施工企业。所谓建筑施工企业，是指专门从事土木工程、建筑工程、线路管道和设备安装工程及其他与新建、扩建、改建等建筑施工活动有关的企业。根据该项规定，施工方必须是有承揽建筑工程资质的建筑施工企业。该项规定，实际上是排除了不具备建筑工程施工资质的投资主体自己组织施工的可能性。

确定建筑施工企业，因不同的建设主体有不同的法定途径。

（1）法律规定必须公开招标的建设主体必须通过公开招标途径确定建筑施工企业。依据 2000 年 1 月 1 日起施行，2017 年 12 月 27 日修正的国家《招标投标法》第三条的规定，必须招标的建设工程包括：在中华人民共和国境内进行的大型基础设施、公用事业等关系社会公共利益、公众安全的项目；全部或者部分使用国有资金投资或者国家融资的项目；使用国际组织或者外国政府贷款、援助资金的项目。依法必须招标的工程建设项目包括项目的勘察、设计、施工、监理以及与工程建设有关的重要设备、材料等的采购，必须通过《招标投标法》设定的公开招标途径确定建筑施工企业。

（2）其他建设主体可以自主确定建筑施工企业。《招标投标法》第三条规定以外的建设项目，现行法律、行政法规未作强制性规定，因此可以由投资主体自行确定建筑施工企业，即可以直接发包给建筑施工企业，也可以委托公开招标形式确定建筑施工企业。所谓直接发包，是指不属于《招标投标法》第三条规定的必须公开招标的建筑工程，可以由建设单位自行依法确定施工单位的情形。所谓由建设单位自行依法确定施工企业，应当符合 3 个基本要素。第一，建设单位依法可以自主确定施工企业。所谓依法，就研发楼建设单位而言，即属于法律、法规未禁止的行为。所谓自主确定，是指建设单位可以委托招标机构通过公开招标的形式确定施工企业，也可以自己通过招标或者竞争性谈判的方式确定施工企业，还可以采取定向谈判的方式确定施工企业。第二，建设单位确定的施工企业应当具有房屋建筑工程施工资质。所谓房屋建筑工程施工资质，是指特定的房屋建筑工程资质颁证机关根据当事人的申请，经依法审查，准予其从事房屋建筑工程施工活动而颁发的资质证书。持有房屋建筑工程施工资质证书的企业方可承揽相应等级的房屋建筑工程施工项目。

就研发楼报建案例而言，建设单位能够提供建设工程勘察、设计、施工合同并提供承揽方资质证书应当可以证明“已经确定建筑施工企业”。

5. 有满足施工需要的施工图纸及技术资料。依据该项规定，建设单位的建筑工程施工应当符合两个技术要素。

（1）有施工图纸及技术资料。所谓施工图纸，是表示工程项目总体布局以及建筑物、构筑物的外部形状、内部布置、结构构造、内外装修、材料作法以及设备、施工等要求的图样。施工图纸通常包括建筑施工图、结构施工图、水电施工图等部分，主要由图框、平立面图、大样图、指北针、图例、比例等部分组成。施工图纸具有图纸齐全、表达准确、要求具体的特点，是进行工程施工、编制施工图预算和施工组织设计的依据，也是进行技术管理的重要技术文件。这里所谓技术资料，应当是指与施工图设计和审查相关的技术资料。

（2）施工图纸及技术资料应当满足施工需要。所谓满足施工需要，第一是指应当满足用地红线及规划许可条件要求，第二是指应当满足建设工程防火、防震、防漏等有关质量和安全规范要求。

就研发楼报建案例而言，建设单位能够提供工程施工图设计文件审查合格书和建设工程抗震设防审查证书应当可以证明“有满足施工需要的施工图纸及技术资料”。

6. 有保证工程质量和安全的具体措施。措施通常是指针对特定问题的解决方案，有保证工程质量和安全的具体措施是指保证建筑工程质量和安全的解决方案，通常是指由建筑工程承揽企业编制的建筑工程施工组织设计方案。

就研发楼报建案例而言，能够提供由施工方编制并经施工方、建设方共同认可的建筑工程施工组织设计方案，应当可以认定“有保证工程质量和安全的具体措施”。

7. 建设资金已经落实。将建设资金已经落实列为建筑工程施工许可申请的条件之一，是为了防止因建设单位建设资金不到位而出现工程款支付争议。

就研发楼报建案例而言，建设单位能够提供建设方的资金保函证明或者一定数额的银行对账单应当可以证明“建设资金已经落实”。

8. 法律、行政法规规定的其他条件。就建筑工程施工许可申请条件而言，法律、法规规定的其他条件包括：

（1）依据《消防法》第十条、第十一条的规定，按照国家工程建设消防技术标准需要进行消防设计的建设工程，建设单位应当自依法取得施工许可之日起七个工作日内，将消防设计文件报公安机关消防机构备案，公安机关消防机构应当进行抽查。国务院公安部门规定的大型的人员密集场所和其他特殊建设工程，建设单位应当将消防设计文件报送公安机关消防机构审核。公安机关消防机构依法对审核的结果负责。

（2）《气象法》第三十一条，各级气象主管机构应当加强对雷电灾害防御工作的组织管理，并会同有关部门指导对可能遭受雷击的建筑物、构筑物和其他设施安装的雷电灾害防护装置的检测工作。安装的雷电灾害防护装置应当符合国务院气象主管机构规定的使用要求。国家气象局《防雷减灾管理办法》第十五条，防雷装置的设计实行审核制度。县级以上地方气象主管机构负责本行政区域内的防雷装置的设计审核。符合要求的，由负责审核的气象主管机构出具核准文件；不符合要求的，负责审核的气象主管机构提出整改要求，退回申请单位修改后重新申请设计审核。未经审核或者未取得核准文件的设计方案，不得交付施工。依据《国务院关于优化建设工程防雷许可的决定》（国发〔2016〕39号），将气象部门承担的房屋建筑工程和市政基础设施工程防雷装置设计审核、竣工验收许可，整合纳入建筑工程施工图审查、竣工验收备案，统一由住房城乡建设部门监管，切实优化流程、缩短时限、提高效率。

地方住建局设置的建筑工程施工许可申请条件共14项，比《建筑法》及其他法律、行政法规规定的建筑工程施工许可申请条件多出8项，还不包括窗口审核时要求增加的项（见表4）。

表 4　建筑工程施工许可申请条件对照

法定申报材料	实际申报材料	依据
建设工程用地批准手续	建设工程用地批准手续	《建筑法》第八条
建设工程规划许可证	建设工程规划许可证	同上
需拆迁的拆迁许可证	需拆迁的拆迁许可证	同上
施工图设计文件审查合格证书	施工图设计文件审查合格证书	同上
建设资金已经落实	资金保函证明或银行对账单	同上
建设工程抗震设防审查证书	建设工程抗震设防审查证书	《防震减灾法》第三十五条
消防设计备案	消防设计备案凭证	《消防法》第十条
防雷设计审核	防雷设计审核	未按国务院规定纳入设计图纸一并审核
有保证工程质量和安全的具体措施	质量监督通知书、安全监督通知书	对现行法律规定扩大理解并设置前置审批事项，未见有法律、行政法规依据
	施工现场具备施工条件证明书	未见有法律、行政法规依据
	招标投标管理办公室核发的中标通知书	同上
	建设工程施工合同备案登记表及备案合同	同上
	监理企业单个项目管理核验登记表及备案合同	同上
	无拖欠工程款情形承诺书	《建筑工程施工许可管理办法》第四条

就研发楼报建多出的 8 项（含未列入此表的施工许可申请表）申报条件而言，除施工许可网上申报通过后下载打印的施工许可申请表可以理解外，

其他 7 项均难以理解：

（1）施工现场具备施工条件证明书。该证明书要求建设方填写，建设方法定代表人签名并加盖建设单位印章，施工方法定代表人审核、签名并加盖施工方单位印章。施工现场是否具备施工条件，应当是施工合同约定的内容之一，将其列为施工许可申请条件之一，未见有法律、行政法规依据。

（2）地方招标投标管理办公室核发的中标通知书。研发楼是依法可以直接发包的建设项目，将招标投标管理办公室核发的中标通知书列为施工许可申请条件之一，未见有法律、行政法规依据。

（3）地方建设工程管理处核发的建设工程施工合同备案登记表以及经网上备案通过并经地方建设工程管理处加盖合同备案见证印章的建设工程施工合同。研发楼是依法可以直接发包的建设项目，建设方与施工方订立的施工合同必须申请地方建设工程管理处备案，而且将其列为施工许可申请条件之一，未见有法律、行政法规依据。

（4）地方建设工程安全监督站核发的建筑工程施工安全监督通知书。建设工程安全监督是地方建设工程安全监督机构法定的职责和义务之一。《建筑法》将“有保证工程质量和安全的具体措施”列为施工许可条件之一，笔者理解为：要求建设方提供有保证工程质量和安全的具体措施的施工组织设计方案。市住建局设置建设工程安全监督备案申请程序，并将建设工程安全监督机构核发的建筑工程施工安全监督通知书列为施工许可申请条件之一，未见有法律、行政法规依据。

（5）地方建设工程质量监督站核发的建设工程质量监督通知书。建设工程质量监督是地方建设工程质量监督机构法定的职责和义务之一。《建筑法》将“有保证工程质量和安全的具体措施”列为施工许可条件之一，笔者同样理解为：要求建设方提供有保证工程质量和安全的具体措施的施工组织设计方案。市住建局设置建设工程质量监督备案申请程序，并将建设工程质量监督机构核发的建设工程质量监督通知书列为施工许可申请条件之一，未见有法律、行政法规依据。

（6）地方建设工程管理处核发的本市监理企业单个项目管理核验登记表以及经网上备案通过的建设工程监理合同。研发楼是依法可以直接发包的建设项目，现行法律、法规未见有此类建设工程必须委托监理并实行监理合同备案的规定，将地方建设工程管理处核发的本市监理企业单个项目管理核验登记表以及经网上备案通过的建设工程监理合同列为施工许可申请条件之一，未见有法律、行政法规依据。

（7）无拖欠工程款情形承诺书。从《建筑法》设置建筑施工许可证的立法本意看，建设工程必须取得施工许可证方可开工建设。从这个意义上理解，行政机关在颁发施工许可证前，建设工程尚未开工，因而不存在拖欠工程款之情形。行政机关要求建设单位对无拖欠工程款情形作出承诺，并将其列为施工许可申请条件之一，实际上是对建设工程“先施工后办理施工许可”的一种默许，此种做法不仅未见有法律、行政法规依据，也不符合情理。

三、施工许可行为合法性

在研发楼建筑施工许可过程中，许可机关的以下行为不符合法律、法规规定：

1. 所有的申报材料复印件要求申请单位加盖单位印章后，仍要求申请人提供原件核实的行为，未见有法律、法规依据。

2. 网上申报通过后，仍要求申请人提供全部申报材料的行为，未见有法律、法规依据。

提高行政审批效率讨论

前述企业研发楼报建过程显示，该楼所在地行政机关设置的报建环节大多出现在建设主管部门的各内设机构之间，形同一项系统工程，一环套一环，环环紧扣，引导报建单位在行政审批中心各窗口以及建设主管部门各内设机构之间奔波。申请人按照行政机关精心设置的行政审批事项、条件和规程，分别在不同的网站提交网上申报资料并完成网上申报程序，然后分别向不同的窗口、不同的机构提交关于是否符合申报条件的书面申报材料，接受审核（见表 5）。

表 5　研发楼报建事项及承办机构表

主管部门	申办事项	受理、审核机构	印章显示的承办机构
规划主管部门	规划建筑设计方案报批	行政服务窗口	规划主管部门
	建设工程规划许可		同上
建设主管部门	委托勘察合同备案	行政服务窗口	建设主管部门
	委托设计合同备案		同上
	中标施工合同备案		建设工程管理处
	委托监理合同备案		同上
	建设工程项目登记		同上
	施工图设计文件审查		审图中心
	建筑工程安全监督备案	行政服务窗口、建管处	建筑工程安全监督站
	建筑工程质量监督登记	建设工程质量监督站	同左
	建筑工程施工许可	行政服务窗口	建设主管部门
气象局	防雷设计文件审查	行政服务窗口、气象局	气象局
招投标管理办	直接发包工程备案	行政服务窗口	招标投标管理办公室
消防大队	消防设计备案	行政服务窗口	消防大队

政府设立统一对外的行政审批大厅是为了提高行政审批效率。然而，设立统一的行政审批大厅只是形式上提供了一个集中咨询、受理、审核、颁证的平台，如何利用好这个行政审批平台，如何真正起到提高行政审批效率的效果，如何真正实现“两集中两到位”或者“三集中三到位”，需要强有力的行政审批改革措施，也需要进一步完善和落实行政审批管理制度。

本篇主要依据《行政许可法》以及国务院提出的行政审批制度改革原则，讨论如何畅通行政审批环节、提高行政审批效率相关问题。

行政审批设定权限及行政审批改革原则

一、行政审批概念

行政审批概念有狭义、广义和更广义之分。狭义的行政审批即行政许可，是指行政机关根据公民、法人或者其他组织的申请，经依法审查，准予其从事特定活动的行为。广义的行政审批是行政机关依申请办理的对外行政行为，即行政机关对外处理公民、法人或者其他组织提交的申请事项的行为，包括行政许可行为和非许可类其他对外行政审批行为。更广义的行政审批是指行政机关处理各类申请事项的行为，包括行政机关依法办理公民、法人或者其他组织提出的申请事项的行为，也包括行政机关处理下级行政机关、所属事业单位以及所属机关、事业单位工作人员申请事项的行为。

更广义的行政审批种类繁多，主要包括以下种类：

1. 普通许可类。普通行政许可是指申请事项直接涉及国家安全、公共安全、经济宏观调控、生态环境保护以及直接关系人身健康、生命财产安全，由法定的行政机关根据当事人的申请，依法审查申请人的法定条件，准予申请人从事特定活动的行为。例如，游行示威许可、烟花爆竹生产与销售许可、危险品运输许可等。普通行政许可有三个显著特征：一是申请事项直接涉及国家安全、公共安全、经济宏观调控、生态环境保护以及直接关系人身健康、生命财产安全；二是被许可人需符合法定的条件；三是被许可人通常没有数量限制。

2. 行政特许类。行政特许是指申请事项涉及有限自然资源开发利用、公共资源配置或者直接关系公共利益，由法定的行政机关依法审查申请人的条件，赋予符合条件的申请人特定权利，准予其进入该特定行业的行为。需要赋予特定权利的事项，由法定的行政机关代表国家向被许可人授予某项实施权或者进行有限资源有效配置，主要适用于有限自然资源的开发利用、有限公共资源的配置、直接关系公共利益的垄断性企业的市场准入。例如，矿藏开采许可、国有土地使用许可、排污许可等。行政特许有三个主要特征：一是申请事项涉及有限自然资源开发利用、公共资源配置或者直接关系公共利益；二是申请人获特许后，通常应当依法支付一定的费用，获得的特许权可以依法转让、继承；三是行政特许通常有数量限制，而且通常是通过公开招标、拍卖等形式决定赋予符合条件的申请人以特许权。

3. 特殊行业资格、资质认定类。资格是参与某项特定活动所具备的先决条件或身份，资格证书持证人体现的是具备参与某项特定活动的条件或者具备从事某项特定活动的身份。例如，取得教师资格证体现的是参与教学活动的条件和身份。资质是参与某项特定活动所具备的素质和能力，资质证书持证人体现的是参与某项特定活动的素质和能力。例如，教授证书、讲师证书。特殊行业资格、资质认定是指申请事项涉及提供公众服务并且直接关系公共利益的职业、行业，法定的行政机关根据申请人的申请，依法审查申请人的条件，确定申请人具备特殊信誉、特殊条件或者特殊技能等资格、资质的行为。特殊行业资格、资质认定具有行政许可性质，通常采取向取得资格、资质的人员颁发资格、资质证书的方式认可。例如，建筑设计资格证、资质等级证等。许可类行政认定有四个特征：一是申请事项涉及提供公众服务并且直接关系公共利益的职业、行业，主要是对具有特殊信誉、特殊条件或特殊技能的自然人、法人或者其他组织的资格、资质的认定；二是一般要通过考试方式或者根据考核结果决定是否认可；三是资格、资质是对自然人或者特殊行业法人的认可，与自然人或者特殊行业法人的身份相联系，而且获得的资格、资质不能继承、转让；四是没有数量限制。

4. 行政核准类。行政核准是指申请事项所涉及的对象是直接关系公共安全、人身健康、生命财产安全的重要设备、设施、产品、物品，由法定的行政机关依据技术标准、技术规范，通过检验、检测、检疫等方式予以核准，准予投入使用的行为。例如，国务院《企业投资项目核准和备案管理条例》规定的“对关系国家安全、涉及全国重大生产力布局、战略性资源开发和重大公共利益等项目，实行核准管理”；国务院《特种设备安全监察条例》规定的涉及生命安全、危险性较大的锅炉、压力容器（含气瓶）、压力管道、电梯、起重机械、客运索道、大型游乐设施和场（厂）内专用机动车辆等特种设备，未经定期检验或者检验不合格的不得继续使用。核准有四个显著特征：一是申请对象直接关系公共安全、人身健康、生命财产安全；二是核准的事项通常具有专业性、技术性；三是通常需根据实地验收、检测来决定是否予以核准；四是没有数量限制。

5. 行政登记类。行政登记，是指行政机关为实现一定的行政管理目的，依据法律、法规、规章的有关规定，根据行政管理相对人的申请，对符合法定条件且涉及行政管理相对人人身权、财产权等方面的法律事实予以书面记载的行为。

就现行法律、法规、规章设定的行政登记行为分析，行政登记有两种类型：一种是具有《行政许可法》意义上行政许可类的设立登记，另一种是非许可类的行政公示或者行政记载。

许可类行政设立登记特指企业或者其他组织的设立登记，即由法定的行政机关根据申请人的申请，经依法形式审查，确定申请人主体资格的行为。具有行政许可性质的行政设立登记通常是赋予相对人本来没有的特殊权利、能力及其他法律地位的形成性行为，有三个显著特征：一是主要是指企业法人或者其他组织的设立登记，未经依法登记的法律关系和权利事项是非法的；二是没有数量限制；三是对申请登记的申报材料只进行形式审查，通常可以当场做出是否给予登记的决定。例如，企业法人登记、事业法人登记、农业合作社登记等。

非许可类的行政登记又可分为两类：一类是对事实行为的法律登记，另一类是对涉及民事权属与民事关系的法律确认。

事实行为的法律登记，主要包括户籍登记、税务登记、排污登记、暂住登记等。例如，《户口登记条例》第十五条规定：公民在常住地市、县范围以外的城市暂住三日以上的，由暂住地的户主或者本人在三日以内向户口登记机关申报暂住登记，离开前申报注销；暂住在旅店的，由旅店设置旅客登记簿随时登记。这类登记行为具有如下特点：符合要件的登记行为完成时，相对人的登记义务即告履行完毕。登记后，相对人的行为不以行政机关的实质审查和作出的意思表示为前提，即相对人只要履行依法登记义务便可进行相应的活动，无须行政机关的认同。登记的意义在于为行政行为的作出提供信息与事实依据。行政机关对登记信息的管理实行的是事后审查制，在事后审查过程中，如果有证据证明登记的信息是虚假的，则可依据相关法律规定对当事人进行处罚。

涉及对民事权属与民事关系的法律确认，包括产权登记、机动车登记、婚姻登记、收养登记、抵押登记等。依据我国现行法律、法规的规定，涉及对民事权属与民事关系的法律确认又可以分为两类。一类是作为法律行为生效要件的登记。例如，依据《土地管理法实施条例》第五条，单位和个人依法使用的国有土地，“由县级以上人民政府登记造册，核发国有土地使用权证书，确认使用权”。另一类是特殊效力构成要件的登记。例如，依据我国《担保法》第四十三条的规定，当事人以其他财产抵押的，可以自愿办理抵押物登记，抵押合同自签订之日起生效。当事人未办理抵押物登记的，不得对抗第三人。

6. 行政备案类。行政备案，是因行政管理需要，行政机关依据法律、法规、规章规定，根据行政管理相对人的申请，对申请事项登记、备查的行为。行政备案的本质是行政管理相对人的一项法定义务，是行政管理相对人依据法律、法规、规章的规定，以报备的形式将所实施的行为、条件及法定的其他内容告知行政机关的行为。行政备案不具有行政许可性质但仍属于具体行政行为，其特征是：备案事项是法律、法规或者行政规章明确规定的，行政管理相对人应当依据法律、法规或者规章的规定提出申请，但只要申请手续完备且符合法定的形式即可由行政机关完成备案。例如，国务院《企业投资项目核准和备案管理条例》第十三条规定，实行备案管理的项目，企业应当在开工建设前通过在线平台将下列信息告知备案机关：（1）企业基本情况；（2）项目名称、建设地点、建设规模、建设内容；（3）项目总投资额；（4）项目符合产业政策的声明。企业应当对备案项目信息的真实性负责。备案机关收到本条第一款规定的全部信息即为备案；企业告知的信息不齐全的，备案机关应当指导企业补正。企业需要备案证明的，可以要求备案机关出具或者通过在线平台自行打印。由此可见，行政备案不具有行政许可性质，但广义的行政审批概念应当包含行政备案。法律、法规、规章规定应当报行政机关备案的，申请人应当依法报备。

7. 行政证明类。行政证明类分为依申请的行政证明和不依申请的行政证明两类。依申请的行政证明是指行政主体根据行政管理相对人的申请，经事实和法律关系审核，肯定其真实性并出具书面证明文件的行政行为。例如，行政主体颁发认证证书或者标志的行为，公证机关的公证行为。不依申请的行政证明类是指行政机关依据行政管理相对人履行义务的行为直接出具证明文件的行为。例如，行政主体开具纳税收据、罚没收据、缴费收据等证明。行政证明的主要特征在于：（1）是一种观念表示行为。行政证明虽然涉及相对人的权利与义务，但并不直接设置和消灭其权利义务，只是一种观念表示行为而非意思表示行为。（2）是一种行政确认行为。行政证明是行政主体依法对相对人提出的有关法律事实、法律文书的真实性、合法性予以确认的行为。（3）是一种准行政法律行为。凡是属于法定的证明事项，当事人均有权申请办理行政证明。只要符合法定条件，行政主体就无权拒绝。(4)是一种要式行政行为。证明机关在对证明申请经过审查、确认后，应该出具法定的证明文书。证明文书具有法律效力，在行政复议、行政诉讼中若无相反的证据，则不能推翻证明文书所确认的事实。此外，对于某些法律规定须由行政主体出具证明文书的事项，无须公民的请求，行政主体即具有证明之义务，否则即构成行政违法。例如，按照《行政处罚法》的有关规定，行政主体收缴罚款，必须向当事人出具省级财政部门统一制发的罚款收据，否则即构成违法，当事人有权拒绝缴纳罚款。

8. 对内的行政审批类。对内的行政审批，是指行政机关针对下级行政机关或者所属事业单位及其所属行政、事业单位工作人员提出的申请而作出处理决定的行为。对内的行政审批种类繁多，有的可能有具体规定，有的可能无具体规定。例如，针对下级行政机关或者所属事业单位请求增加办公用房的申请作出的决定，针对所属机关、事业单位某工作人员请求调整工作岗位申请的处理决定。

在行政机关办理的主要 8 类行政审批事项中，前 4 类事项以及第 5 类事项中的具有许可性质的行政登记事项符合《行政许可法》第二条界定的行政许可特征，即符合行政机关根据公民、法人或者其他组织的申请，经依法审查，准予其从事特定活动的行为特征，因而属行政许可事项，具有狭义行政审批性质。此外的事项不具有行政许可特征，通常称之为非许可类其他审批事项。前 7 类行政审批事项属具体行政行为，具有广义行政审批性质，行政审批机关与行政审批申请人之间是平等的法律主体身份，行政审批申请人对行政审批机关的处理决定不服的，可以申请行政复议，也可以提起行政诉讼。但是，第 8 类对内的行政审批，行政审批机关与申请人之间则是领导与被领导的法律关系，行政审批机关处理该类申请没有期限规定，而且审批机关具有较大的自由裁量权，不管申请人是否具备申请条件，都可以予以批准，也可以不予以批准，甚至可以置之不理，申请人对审批机关的处理不服的，通常没有申诉权。

通过行政机关办理的8类行政审批事项可见，行政审批与行政许可是两个不尽相同的概念。从逻辑学上分析，行政审批与行政许可之间是种属关系，如果将行政审批列为“母”概念，则行政许可则可列为“子”概念。行政许可是行政审批，但行政审批不仅仅指的是行政许可，还包括非许可类的其他行政审批，两者之间既有相同点又有不同点。

就广义的行政审批而言，行政许可与非许可类行政审批的相同之处主要表现在：

第一，行为的主体是行政机关，包括国家及地方政府机关，也包括法律、法规授权行使行政审批职能的组织。

第二，申请人是行政管理相对人，包括公民、法人或者其他组织。

第三，行为的目的是实现行政管理权，是行政机关采取审批措施对行政管理相对人的特定行为实施有效管理的行为。

第四，行为的性质具有两重性，既是行政机关的一项行政管理权力，更是行政机关履行提供行政服务的职责和义务的具体方式。

第五，行为的启动方是行政管理相对人，行政审批机关是根据公民、法人或者其他组织提出的申请实施的审批行为，没有当事人的申请，行政审批机关通常不实施审批行为。

第六，行为的实施具有法定性，行政机关必须依据法律规定的条件、程序和期限实施行政审批行为，只要行政管理相对人提交了行政审批申请，行政机关就应当依据相关法律规定予以处理，并应当将处理结果告知申请人；依法决定不予许可或者不予办理的应当说明理由，并告知申请人享有依法申请行政复议或者提起行政诉讼的权利。

第七，行为的性质属具体行政行为，是由行政审批机关以及行政审批机关工作人员、法律法规授权的组织、行政审批机关依法委托的组织或者个人在行政管理活动中行使行政职权，针对特定的公民、法人或者其他组织，就特定的具体事项，作出的涉及该公民、法人或者其他组织权利义务的单方行为。行政审批机关与行政审批申请人之间具有平等的法律主体身份关系，因而行政审批申请人对行政审批机关的决定不服的，可以申请行政复议，也可以提起行政诉讼。但是，行政复议或者行政诉讼不中止行政审批决定的执行效力；如果行政复议或者行政诉讼结果决定撤销原行政审批机关的决定，申请人因该项行政审批决定而导致的损失，由作出该项行政审批决定的行政机关承担行政赔偿责任。

行政许可与非许可类行政审批的不同之处主要表现在：

第一，适用范围不同。行政许可适用范围较窄。行政许可通常仅包括行政机关实施的普通许可、特许、认可、核准、登记等五类。而非许可类行政审批的适用范围较宽，就现行法律、法规、规章规定，可以归入行政审批的事项还包括行政登记、行政备案、行政证明在内的若干种。

第二，设定权限不同。行政许可是与行政处罚并行的国家行政机关实现社会管理的重要手段之一。关于行政许可事项和条件的设定，国家专门制定了《行政许可法》。依据《行政许可法》规定的行政许可设定权限，法律、行政法规和国务院有普遍约束力的决定可以设定行政许可，地方性法规可以依据法定条件设定行政许可，地方政府规章可以依据法定条件设定临时性行政许可，其他规范性文件包括国务院部门规章一律不得设定行政许可。而许可类以外的其他行政审批事项和条件的设定，国家没有制定专门的法律。许可类以外的其他行政审批事项和条件的设定权限因对内、对外不同而不同：（1）对外的非许可类行政审批事项和条件应当依据《立法法》规定的权限设定。依据《立法法》，部门规章规定的事项应当属于执行法律或者国务院的行政法规、决定、命令的事项。没有法律或者国务院的行政法规、决定、命令的依据，部门规章不得设定减损公民、法人和其他组织权利或者增加其义务的规范，不得增加本部门的权力或者减少本部门的法定职责。没有法律、行政法规、地方性法规的依据，地方政府规章不得设定减损公民、法人和其他组织权利或者增加其义务的规范。省、自治区、直辖市和设区的市、自治州的人民政府，可以根据法律、行政法规和本省、自治区、直辖市的地方性法规，制定规章。设区的市、自治州的人民政府制定地方政府规章，限于城乡建设与管理、环境保护、历史文化保护等方面的事项。（2）对内的行政审批事项和条件的设置，法律则无严格限制，各级行政机关都可以设定对内的审批事项和条件。

第三，法律责任不同。由于行政许可是行政机关根据公民、法人或者其他组织的申请，经依法审查，准予其从事特定活动的行为，因此，申请人从事特定活动的资格自行政许可决定作出之日起产生，未经许可而实施特定活动的行为应当承担相应的法律责任。就对外的非许可类行政审批而言，申请人对未经审批所实施的行为是否承担法律责任，则因申请事项的法律规定不同而不同：（1）法律、法规明确规定未经审批应承担法律责任的非许可类其他审批事项，公民、法人或者其他组织未经审批而实施的行为视为违法，应当承担相应的法律责任。例如，依据《企业投资项目核准和备案管理条例》的规定，对关系国家安全、涉及全国重大生产力布局、战略性资源开发和重大公共利益等项目，实行核准管理（注：具有行政许可性质），企业应当向核准机关提交项目申请书，企业未依照规定办理核准手续开工建设或者未按照核准的建设地点、建设规模、建设内容等进行建设的，由核准机关责令停止建设或者责令停产，对企业处项目总投资额1‰以上5‰以下的罚款，对直接负责的主管人员和其他直接责任人员处2万元以上5万元以下的罚款，属于国家工作人员的，依法给予处分；企业其他投资项目，实行备案管理（注：属非许可类的其他行政审批性质），企业应当在开工建设前通过在线平台将规定的信息告知备案机关，企业未依照规定将项目信息或者已备案项目的信息变更情况告知备案机关，或者向备案机关提供虚假信息的，由备案机关责令限期改正；逾期不改正的，处2万元以上5万元以下的罚款。（2）法律、法规未明确规定法律责任的非许可类其他审批事项，公民、法人或者其他组织不因未经审批而受到法律制裁，只是其权利和行为因未经审批而不能得到法律的支持和保护。例如，依据《婚姻法》的规定，公民结婚、离婚应当申请登记。但是，该法未规定未经登记的法律责任，公民结婚、离婚的权利和行为能力不因婚姻登记而产生，也不因未经婚姻登记而受到法律的制裁，但因其婚姻关系未经登记而不能取得婚姻关系的证明效力，其婚姻行为也不受法律保护。（3）法律、法规明确规定的行政证明类事项，公民、法人或者其他组织通常在向行政审批机关提交申请前就已经具备所申请事项的民事权利，是否提出申请遵循自愿原则，向行政审批机关提出申请，只是为了依法取得其权利存在的证明并产生公示效力。例如，房产公证、合同公证、遗嘱公证等。

更广义的行政审批还具有申请对象不尽相同的区别。行政许可以及非许可类其他对外行政审批事项的申请对象是公民、法人或者其他组织。而更广义的行政审批不仅涉及对外事务的行政管理，也涉及行政机关内部事务的管理，因此其申请对象除了公民、法人和其他组织外，还包括其下级行政机关、直接管理的事业单位以及行政机关、事业单位工作人员。

本篇不讨论第 8 类对内的行政审批行为。

二、行政许可设定范围和权限

依据《行政许可法》第十二条的规定，可以设定行政许可的事项包括：（1）直接涉及国家安全、公共安全、经济宏观调控、生态环境保护以及直接关系人身健康、生命财产安全等特定活动，需要按照法定条件予以批准的事项；（2）有限自然资源开发利用、公共资源配置以及直接关系公共利益的特定行业的市场准入等，需要赋予特定权利的事项；（3）提供公众服务并且直接关系公共利益的职业、行业，需要确定具备特殊信誉、特殊条件或者特殊技能等资格、资质的事项；（4）直接关系公共安全、人身健康、生命财产安全的重要设备、设施、产品、物品，需要按照技术标准、技术规范，通过检验、检测、检疫等方式进行审定的事项；（5）企业或者其他组织的设立等，需要确定主体资格的事项；（6）法律、行政法规规定可以设定行政许可的其他事项。

依据《行政许可法》第十三条，即使属于《行政许可法》第十二条规定的可以设定行政许可的范围，但通过下列方式能够予以规范的，可以不设定行政许可：（1）公民、法人或者其他组织能够自主决定的；（2）市场竞争机制能够有效调节的；（3）行业组织或者中介机构能够自律管理的；（4）行政机关采用事后监督等其他行政管理方式能够解决的。

依据《行政许可法》第十四条、第十五条的规定，可以设定行政许可事项的规范性法律文件为：法律、行政法规、地方性法规和省级政府规章。

1. 法律。行政许可法所指的法律是狭义的法律，即指由全国人民代表大会及其常务委员会正式颁布的规范性法律文件。法律可以设定行政许可事项。

2. 行政法规。行政许可法所指的行政法规，是指由国务院正式颁布的规范性法律文件。行政法规可以设定行政许可事项。但是，行政法规设定行政许可有个前提条件，即对于该事项，法律既没有设立行政许可，也没有禁止设定行政许可。

国务院通常应当以国务院令的形式设定行政许可，必要时也可以决定的形式设定行政许可。国务院以决定形式设定行政许可的，必须符合两个条件：一是许可事项尚未制定相关的法律、行政法规或者虽制定有相关的法律、行政法规，但规定得不够全面；二是发生紧急情形，出现行政许可设定的必要。国务院以决定的形式设定行政许可的，在其实施后，除临时性行政许可事项外，国务院应当及时提请全国人大或其常委会制定法律，或者自行制定行政法规。

3. 地方性法规和省级政府规章。行政许可法所指的地方性法规，即指由省级或者较大的市级人民代表大会及其常务委员会正式颁布的规范性法律文件；省级政府规章，即指由省政府、直辖市政府或者自治区政府以政府令的形式正式颁布的规范性法律文件。地方性法规和省级政府规章可以设定行政许可事项，但应当遵循以下原则：尚未制定法律、行政法规的，地方性法规可以设定行政许可；尚未制定法律、行政法规和地方性法规的，因行政管理的需要，确需立即实施行政许可的，省、自治区、直辖市人民政府规章可以设定临时性的行政许可。临时性的行政许可实施满一年需要继续实施的，应当提请本级人民代表大会及其常务委员会制定地方性法规。

地方性法规和省、自治区、直辖市人民政府规章，不得设定应当由国家统一确定的公民、法人或者其他组织的资格、资质的行政许可；不得设定企业或者其他组织的设立登记及其前置性行政许可。其设定的行政许可，不得限制其他地区的个人或者企业到本地区从事生产经营和提供服务，不得限制其他地区的商品进入本地区市场。

《行政许可法》第十七条进一步规定：除本法第十四条、第十五条规定的外，其他规范性文件一律不得设定行政许可。

关于行政许可条件的设定，《行政许可法》也作了如下明确规定：

行政法规可以在法律设定的行政许可事项范围内，对实施该行政许可作出具体规定。

地方性法规可以在法律、行政法规设定的行政许可事项范围内，对实施该行政许可作出具体规定。

规章可以在上位法设定的行政许可事项范围内，对实施该行政许可作出具体规定。

法规、规章对实施上位法设定的行政许可作出的具体规定，不得增设行政许可；对行政许可条件作出的具体规定，不得增设违反上位法的其他条件。

三、非许可类行政审批设定权限

依据《立法法》，法律、行政法规、地方法规、地方政府规章和国务院部门规章可以在法定权限内设定非许可类行政审批事项。

1. 法律

全国人民代表大会制定和修改刑事、民事、国家机构的和其他的基本法律。全国人民代表大会常务委员会制定和修改除应当由全国人民代表大会制定的法律以外的其他法律；在全国人民代表大会闭会期间，对全国人民代表大会制定的法律进行部分补充和修改，但是不得同该法律的基本原则相抵触。

只能以法律形式制订的行政审批事项主要包括：（1）国家主权的事项；（2）民族区域自治制度、特别行政区制度、基层群众自治制度；（3）税种的设立、税率的确定和税收征收管理等税收基本制度；（4）对非国有财产的征收、征用；（5）民事基本制度；（6）基本经济制度以及财政、海关、金融和外贸的基本制度；（7）必须由全国人民代表大会及其常务委员会制定法律的其他事项。

尚未制定法律的，全国人民代表大会及其常务委员会有权作出决定，授权国务院可以根据实际需要，对其中的部分事项先制定行政法规。授权决定应当明确授权的目的、事项、范围、期限以及被授权机关实施授权决定应当遵循的原则等。授权的期限不得超过五年，但是授权决定另有规定的除外。被授权机关应当在授权期限届满的六个月以前，向授权机关报告授权决定实施的情况，并提出是否需要制定有关法律的意见；需要继续授权的，可以提出相关意见，由全国人民代表大会及其常务委员会决定。授权立法事项，经过实践检验，制定法律的条件成熟时，由全国人民代表大会及其常务委员会及时制定法律。法律制定后，相应立法事项的授权终止。被授权机关不得将被授予的权力转授给其他机关。全国人民代表大会及其常务委员会可以根据改革发展的需要，决定就行政管理等领域的特定事项授权在一定期限内在部分地方暂时调整或者暂时停止适用法律的部分规定。

2. 行政法规

国务院根据宪法和法律，制定行政法规。

行政法规可以规定的事项：（1）为执行法律的规定需要制定行政法规的事项；（2）《宪法》第八十九条规定的国务院行政管理职权的事项。

应当由全国人民代表大会及其常务委员会制定法律的事项，国务院根据全国人民代表大会及其常务委员会的授权决定先制定的行政法规，经过实践检验，制定法律的条件成熟时，国务院应当及时提请全国人民代表大会及其常务委员会制定法律。

行政法规由总理签署国务院令公布。行政法规签署公布后，及时在国务院公报和中国政府法制信息网以及在全国范围内发行的报纸上刊载。

3. 地方性法规、自治条例和单行条例

省、自治区、直辖市的人民代表大会及其常务委员会根据本行政区域的具体情况和实际需要，在不同宪法、法律、行政法规相抵触的前提下，可以制定地方性法规。

设区的市的人民代表大会及其常务委员会根据本市的具体情况和实际需要，在不同宪法、法律、行政法规和本省、自治区的地方性法规相抵触的前提下，可以对城乡建设与管理、环境保护、历史文化保护等方面的事项制定地方性法规，法律对设区的市制定地方性法规的事项另有规定的，从其规定。设区的市的地方性法规须报省、自治区的人民代表大会常务委员会批准后施行。

地方性法规可以规定的事项：（1）为执行法律、行政法规的规定，需要根据本行政区域的实际情况作具体规定的事项；（2）属于地方性事务需要制定地方性法规的事项。

制定地方性法规，对上位法已经明确规定的内容，一般不作重复性规定。

民族自治地方的人民代表大会有权依照当地民族的政治、经济和文化的特点，制定自治条例和单行条例。自治区的自治条例和单行条例，报全国人民代表大会常务委员会批准后生效。自治州、自治县的自治条例和单行条例，报省、自治区、直辖市的人民代表大会常务委员会批准后生效。

自治条例和单行条例可以依照当地民族的特点，对法律和行政法规的规定作出变通规定，但不得违背法律或者行政法规的基本原则，不得对宪法和民族区域自治法的规定以及其他有关法律、行政法规专门就民族自治地方所作的规定作出变通规定。

地方性法规、自治区的自治条例和单行条例公布后，及时在本级人民代表大会常务委员会公报和中国人大网、本地方人民代表大会网站以及在本行政区域范围内发行的报纸上刊载。

4. 规章

国务院各部、委员会、中国人民银行、审计署和具有行政管理职能的直属机构，可以根据法律和国务院的行政法规、决定、命令，在本部门的权限范围内，制定规章。

部门规章规定的事项应当属于执行法律或者国务院的行政法规、决定、命令的事项。没有法律或者国务院的行政法规、决定、命令的依据，部门规章不得设定减损公民、法人和其他组织权利或者增加其义务的规范，不得增加本部门的权力或者减少本部门的法定职责。

涉及两个以上国务院部门职权范围的事项，应当提请国务院制定行政法规或者由国务院有关部门联合制定规章。

省、自治区、直辖市和设区的市、自治州的人民政府，可以根据法律、行政法规和本省、自治区、直辖市的地方性法规，制定规章。地方政府规章可以作出规定的事项：（1）为执行法律、行政法规、地方性法规的规定需要制定规章的事项；（2）属于本行政区域的具体行政管理事项。

设区的市、自治州的人民政府制定地方政府规章，限于城乡建设与管理、环境保护、历史文化保护等方面的事项。已经制定的地方政府规章，涉及上述事项范围以外的，继续有效。

应当制定地方性法规但条件尚不成熟的，因行政管理迫切需要，可以先制定地方政府规章。规章实施满两年需要继续实施规章所规定的行政措施的，应当提请本级人民代表大会或者其常务委员会制定地方性法规。

没有法律、行政法规、地方性法规的依据，地方政府规章不得设定减损公民、法人和其他组织权利或者增加其义务的规范。

部门规章由部门首长签署命令予以公布。地方政府规章由省长、自治区主席、市长或者自治州州长签署命令予以公布。

行政法规、地方性法规、自治条例和单行条例、规章应当在公布后的三十日内依照下列规定报有关机关备案：（1）行政法规报全国人民代表大会常务委员会备案。（2）省、自治区、直辖市的人民代表大会及其常务委员会制定的地方性法规，报全国人民代表大会常务委员会和国务院备案；设区的市、自治州的人民代表大会及其常务委员会制定的地方性法规，由省、自治区的人民代表大会常务委员会报全国人民代表大会常务委员会和国务院备案。（3）自治州、自治县的人民代表大会制定的自治条例和单行条例，由省、自治区、直辖市的人民代表大会常务委员会报全国人民代表大会常务委员会和国务院备案；自治条例、单行条例报送备案时，应当说明对法律、行政法规、地方性法规作出变通的情况。（4）部门规章和地方政府规章报国务院备案；地方政府规章应当同时报本级人民代表大会常务委员会备案；设区的市、自治州的人民政府制定的规章应当同时报省、自治区的人民代表大会常务委员会和人民政府备案。（5）根据授权制定的法规应当报授权决定规定的机关备案；经济特区法规报送备案时，应当说明对法律、行政法规、地方性法规作出变通的情况。

四、行政审批制度改革原则

2001年，国务院批转监察部、国务院法制办、国务院体改办、中央编办《关于行政审批制度改革工作的实施意见》（国发〔2001〕33号）。虽然该文件已被《国务院关于宣布失效一批国务院文件的决定》（国发〔2015〕68号）宣布失效，但该文件提出行政审批制度改革应当遵循合法、合理、效能、责任、监督五项原则是符合《行政许可法》和《立法法》规定的。笔者认为，这些原则可以用于指导地方行政审批改革。

国务院行政审批制度改革领导小组《关于贯彻行政审批制度改革的五项原则需要把握的几个问题》（国审改发〔2001〕1号），进一步界定了行政审批、行政审批制度含义，提出行政审批制度改革目标，明确行政审批制度改革五项原则的具体内容。

依据国务院行政审批制度改革领导小组的界定，前述实施意见所称行政审批，是指行政审批机关（包括有行政审批权的其他组织）根据自然人、法人或者其他组织依法提出的申请，经依法审查，准予其从事特定活动、认可其资格资质、确认特定民事关系或者特定民事权利能力和行为能力的行为。行政审批制度，包括行政审批的设定权限、设定范围、实施机关、实施程序、监督和审批责任等内容。

行政审批制度改革既要减少不必要的审批项目，还应调整行政审批的权限、减少环节、规范程序、提高效率、强化服务、加强监管、明确责任，建立结构合理、配置科学、程序严密、制约有效的与社会主义市场经济体制相适应的行政审批制度。

依据国务院行政审批制度改革领导小组《关于贯彻行政审批制度改革的五项原则需要把握的几个问题》，应当按照以下要求来具体执行行政审批制度改革五项原则：

1. 关于合法原则

行政审批制度改革的合法原则，是指行政审批权的设定和实施必须依据法律、法规、规章以及根据国务院决定、命令或者要求制定的国务院部门文件。

设定行政审批的法律文件，必须符合我国立法体制的要求，遵循法制统一原则。即设定行政审批的法律文件必须符合法定权限和程序，下位法不得与上位法的规定及其精神相抵触。

（1）法律对某一事项只是作出原则性管理规定（如加强管理、监督、指导、负责、检查等），但没有设定行政审批，行政法规自行设定的行政审批事项，应当予以取消。

（2）法律、行政法规对某一事项只是作出原则的管理规定，但没有设定行政审批，地方性法规、国务院部门规章或者地方政府规章自行设定的行政审批事项，应当予以取消，地方性法规设定属于地方性事务的审批除外。

（3）法律、行政法规、地方性法规对某一事项只是作出原则的管理规定，但没有设定行政审批，地方政府规章自行设定的行政审批事项，应当予以取消。

（4）法律、行政法规、地方性法规以及省、自治区政府规章对某一事项只是作出原则的管理规定，但没有设定行政审批；较大的市的政府规章自行设定的行政审批事项，应当予以取消。

（5）同一审批事项有多个依据并且相互不一致的，如果审批依据属于同一效力层次的法律文件，则以新的规定为准；属于不同效力层次的，以上位法为准；法律文件之间的效力关系不明确的，适用《立法法》的规定。

设定和实施行政审批，还必须符合依法行政的要求。

（1）行政许可设定法定原则是行政许可设定的一项重要原则。根据《行政许可法》第十四条、第十五条的规定，行政许可设定形式为：法律、行政法规、地方性法规和省级政府规章。国务院行政法规设定行政许可有个前提条件，即对于该事项，法律既没有设立行政许可，也没有禁止设定行政许可。国务院也可以决定的形式设定行政许可，但必须符合两个条件：一是许可事项尚未制定相关的法律、行政法规或者虽制定有相关的法律、行政法规但规定得不够全面；二是发生紧急情形，出现行政许可设定的必要。国务院以决定的形式设定行政许可的，在其实施后，除临时性行政许可事项外，国务院应当及时提请全国人大或其常委会制定法律，或者自行制定行政法规。尚未制定法律、行政法规的，地方性法规可以设定行政许可；尚未制定法律、行政法规和地方性法规的，因行政管理的需要，确需立即实施行政许可的，省、自治区、直辖市人民政府规章可以设定临时性行政许可。临时性的行政许可实施满一年需要继续实施的，应当提请本级人民代表大会及其常务委员会制定地方性法规。

（2）我国参加或认可的国际公约、国际条约或国际惯例，只有通过立法程序转化为国内法律、法规、规章或者其他规范性文件，才能在国内适用，因而未经转化不得作为行政审批的依据，相应的行政审批事项应当予以取消。

（3）设定行政审批的法律、法规、规章或其他规范性文件，必须是公开并经法定程序制定、通过的。

除此之外，其他部门文件及部门内设司（局）文件、地方各级人民政府及其所属各部门文件和其内设机构文件设定的行政审批事项，应当予以取消。没有规范性文件依据，仅仅根据领导的讲话、批示、指示等设定的行政审批事项，应当予以取消。

如果该项行政审批必不可少，则应当通过法定程序，制定相应的规范性文件。

2. 关于合理原则

行政审批制度改革的合理原则，是指在市场经济条件下，设定和实施行政审批必须有利于社会主义市场经济发展和社会全面进步，有利于政府实施有效管理。

行政审批作为履行政府职能的手段之一，其适用主要限于以下范围：

（1）土地、矿藏、水流、海域、森林、山岭、草原、荒地、滩涂等自然资源的开发利用。

（2）无线电频率、公共运输线路等有限公共资源的配置。

（3）从事可能产生污染、损害生态环境或者产生其他公害的活动。

（4）电力、铁路、民航、通信、公用事业等直接关系公共利益的行业中垄断性企业的市场准入和法定经营活动。

（5）银行、保险、证券等涉及高度社会信用的行业的市场准入和法定经营活动。

（6）利用财政资金或者由政府担保的外国政府、国际组织贷款的投资项目和涉及调整产业布局、优化结构等实现宏观调控目标的投资项目。

（7）新闻出版、广播电影电视、教育、文化等从业机构的设立和活动。

（8）为公众提供服务、直接关系公共利益并且要求具备特殊信誉、特殊条件或者特殊技能的自然人、法人或者其他组织的资格、资质。

（9）法人或者其他组织的设立、变更、终止。

（10）确认婚姻、收养等特定民事关系的事项。

（11）易燃性、爆炸性、放射性、毒害性、腐蚀性等危险品的生产、储存、运输、使用、销售等活动。

（12）直接关系人身健康、生命财产安全的产品、物品的生产、经营等活动。

（13）直接关系公共安全的重要设备、设施的设计、建造、安装和使用。

（14）直接关系公共安全、公共利益、国家安全或者法律、行政法规规定的其他事项。

对于以上所列事项，凡是通过市场能够解决的，应当由市场去解决；通过市场难以解决，但通过中介组织、行业自律能够解决的，应当通过中介组织、行业自律去解决；即使是市场机制、中介组织、行业自律解决不了、需要政府加以管理的，也要首先考虑通过除审批之外的其他监管措施来解决。只有在这些手段和措施都解决不了时，才能考虑通过行政审批去解决。

目前，我国在行政审批方面仍存在一些突出问题，主要是对市场主体资格的前置性审批太多、太滥，手续繁杂，市场准入门槛过高；政企不分，干涉企业经营自主权的行政审批大量存在，这些行政审批成本高、效率低，妨碍市场开放和公平竞争，不利于增强市场经济的生机和活力；在土地使用权出让、建设工程承包、政府采购和产权交易等过程中，经常因行政审批而产生不廉洁行为甚至腐败问题。因此，对于此类行政审批事项，要坚决予以取消：

（1）设立公司、其他企业和个体工商户，除法律、行政法规或者国务院决定规定的前置性审批外，公司、其他企业和个体工商户在开业或者设立登记前办理的行政审批事项，应当予以取消。

（2）除法律、行政法规或者国务院决定规定需要审批的建设项目以及使用财政资金、外国政府和国际组织贷款投资的项目外，对企业的投资等经营活动设定的行政审批事项，应当予以取消。

（3）有关经营性土地使用权出让、建设工程承包、政府采购和产权交易，除法律、行政法规和国务院决定另有规定的外，必须采取拍卖、公开招标投标等市场运作方式，相应的行政审批应当予以取消。

3. 关于效能原则

行政审批制度改革的效能原则，是指行政审批作为行政管理的手段之一，应当以较小的行政资源的投入实现最佳的政府工作目标。要努力改进审批方式，积极推行电子政务，运用信息、网络等现代技术手段，提高管理水平和效率。

（1）行政审批事项在符合合法、合理原则的同时，要与新的“三定”方案规定的部门职能相一致，职能已经取消或者划出的，该部门相应的行政审批事项应当取消或者划出。职能增加或者划入的，通过市场、中介组织、行业自律、加强监管等手段能够解决的事项，不得设定或者保留行政审批。本级政府应当创造条件，打破部门界限，将分散在政府各职能部门的审批事项相对集中；同级人民政府两个以上的部门行政审批职能交叉或者重复的，应当由职能最直接的部门审批，该部门应主动与相关部门沟通协商，共同研究决定后办理。

（2）实施行政审批，应当简化程序、减少环节，方便群众，强化服务。一项审批无论涉及部门内部几个内设机构，都应当由一个内设机构代表本部门统一对外，并按照规定程序办理，坚决避免多头、重复审批。

（3）对依法需要同级人民政府两个以上的部门分别审批的，应当由本级政府确定一个主办部门，会同其他有关部门共同研究决定后办理；或者组织有关部门通过联合办公、集中办公的形式作出决定。

（4）能够且已经由较低层级行政机关实施行政审批的，上级行政机关不应审批；必须由上级行政机关审批的，除法律、法规另有规定的外，下级行政机关进行的审核应当取消。

（5）行政审批机关实施行政审批，要规定合理的时限；办理行政审批事项要提高工作效率，不得超过规定时限。

4. 关于责任原则

行政审批制度改革的责任原则，是指行政审批机关不履行、不正确履行对许可对象的监管职责或者违法审批等行为所应当承担的法律责任。

（1）设定行政审批，必须在赋予行政审批机关该项行政审批权时，相应规定其对许可对象的监管义务。如果未赋予该行政审批机关相应的义务；或者该行政审批机关不能履行该义务，则不能设定该项行政审批。

（2）实施行政审批，要积极履行对许可对象的监管职责，对许可对象是否真正享有相关的权利、是否在取得行政许可时确定的范围内活动进行有效的监管。许可对象有伪造材料骗取许可、超越许可范围活动、拒不接受行政审批机关监管等行为的，行政审批机关应当依据有关规定责令其限期改正或者中止、变更、收回、撤销该项许可，并依法给予行政处罚。

（3）行政审批机关应当建立行之有效的监管制度。对技术性较强的审批事项，应当制定审批技术规定；对保留的审批事项，法律、法规、规章和其他规范性文件有明确监管措施的，要按规定执行；没有明确规定监管措施的，应当制定并严格落实监管措施。

（4）行政审批机关应当建立审批责任追究制度，明确审批的责任部门和责任人。对行政审批机关不履行监管义务、监管不力、对审批对象违法行为不予查处的，要依照有关规定，给予负有责任的主管人员和其他直接责任人员相应的纪律处分。

（5）行政审批机关违法审批，甚至滥用行政审批权、徇私舞弊、以行政审批权为本部门及个人谋取私利的，要依照有关规定，追究负有责任的主管人员和其他直接责任人员相应的法律责任。

5. 关于监督原则

行政审批制度改革的监督原则，是指通过法律手段，对行政审批机关行使行政审批权进行监督制约；保证合法、合理、公正地行使行政审批权，维护自然人、法人和其他组织的合法权益。

（1）设定和实施行政审批，应当坚持公平、公正的原则。设定行政审批标准和条件，办理具体审批事项，不得因自然人、法人和其他组织所在行政区域、行业、所有制等不同而增设歧视性条件，应当维护国家整体利益和人民根本利益，做到公平、公正、合理，发挥行政审批的应有功能。

（2）设定和实施行政审批要贯彻公开原则。除法律、行政法规另有规定外，应当公布行政审批的内容、对象、条件、程序、时限。行政审批结果一律公开。

（3）行政审批机关应当保证自然人、法人和其他组织依法行使对行政审批的监督权。相对人对行政审批提出异议的，该行政审批机关必须作出书面说明，并告知相对人有申请行政复议和提起行政诉讼的权利；相对人对行政审批机关工作人员的违纪违法行为进行举报、投诉的，行政审批机关应当依法及时核实、处理，并将处理结果以适当方式及时回复举报人、投诉人。

依据国务院提出的行政审批制度改革五项原则，行政审批制度改革不仅仅是对行政审批事项的清理，还应当包括行政审批条件设定的清理、行政审批网上申报系统的清理、行政审批行为规范等内容。

关于行政审批事项清理

行政审批事项，通常是指政府、政府部门或者行使行政审批职能的其他组织因实现社会管理需要而对外设置的行政许可事项和非许可类其他审批事项。

行政审批设定的形式多样、名称不一，有审批、核准、批准、审核、同意、注册、许可、认证、登记、鉴证等。只要自然人、法人或者其他组织因实施某一行为、确认特定民事关系或者取得某种资格资质及特定民事权利能力和行为能力，必须经过行政机关同意的，都应当列入清理和处理的行政审批事项范围。

国务院行政审批制度改革领导小组设立以来，一直致力于国务院部门行政审批事项的清理工作，国务院也已多批次取消了一些行政审批事项，将国务院部门行使的若干项行政审批事项审批权下放。

在此基础上，县级以上地方政府也都相应设立了行政审批制度改革领导小组，也清理并取消了一些由地方政府或者政府部门设置的行政审批事项。然而，通过前述研发楼报建可见，还是有一些行政审批事项尚未清理到位。

一、未见有法律依据的报建事项

就申请研发楼报建过程而言，行政机关设置的下列行政审批事项未见有法律依据，不符合国务院关于行政审批制度改革的合法原则：

1. 民营企业直接发包建设工程必须申请备案

依据《招标投标法》第三条的规定，在中华人民共和国境内进行三类工程建设项目必须公开招标，包括三类工程建设项目过程中的勘察、设计、施工、监理以及与工程建设有关的重要设备、材料等的采购。民营企业研发楼建设项目不在必须公开招标的范围之列。

民营企业自行招标要不要到行政机关备案？是否必须由政府设立的招标投标管理办公室颁发中标通知书?《招标投标法》以及《招标投标法实施条例》都没有关于直接发包工程备案规定，也未见必须由政府设立的招标投标管理办公室颁发中标通知书的规定。

2. 民营企业直接发包建设工程必须申请监理合同备案

《建设工程质量管理条例》第十二条规定，国家重点建设工程、大中型公用事业工程、成片开发建设的住宅小区工程、利用外国政府或者国际组织贷款或者援助资金的工程、国家规定必须实行监理的其他工程必须实行监理。

何为国家规定必须实行监理的其他工程？依据建设部《建设工程监理范围和规模标准规定》第七条的规定，一是指项目总投资额在3000万元以上关系社会公共利益、公众安全的基础设施项目；二是指学校、影剧院、体育场馆项目。

企业研发楼报建纪实所指的民营企业研发楼建设工程不在必须实行监理的范围之列。

国务院、建设部虽就必须实行监理的建设工程作出明确规定，但并未见有监理合同备案的规定，更未见有直接发包建设工程监理合同必须备案的规定。

民营企业自建研发楼，工程量不大，公司完全可以自主决定是否委托监理。行政机关以文件的形式规定必须办理委托监督合同备案手续，查无法律、法规依据。

此外，直接发包建筑工程施工合同必须备案也未见有法律、法规依据。

3. 民营企业建筑工程必须申请建设工程安全监督备案

现行法律、法规均未见有关民营企业建设工程安全监督备案的规定。建设工程安全监督属建设行政主管部门正常的行政监督管理职能，建设行政主管部门完全可以自申请人申请施工许可证开始自行启动建设工程安全监督程序，没有必要设置建设工程安全监督前的申请备案程序。

《建筑法》第四十三条规定，“建设行政主管部门负责建筑安全生产的管理”。可见，对在建工程的安全监督是建设工程行政主管机关法定的职责和义务，建设工程行政主管机关应当在颁发施工许可证之日起或者在建设工程开工之日起，启动报建的建设工程安全监督程序。换言之，建设行政主管部门不得以建设单位未申请建设工程安全监督申请为由而不履行建设工程安全监督义务。

4. 民营企业建设工程必须申请建设工程质量监督登记

现行法律、法规中，仅在《建设工程质量管理条例》第十三条中出现过“建设单位在领取施工许可证或者开工报告前，应当按照国家有关规定办理工程质量监督手续”的规定。该条所指的应当办理工程质量监督手续的建设单位，是否包括建筑工程可以直接发包的建设单位？办理工程质量监督手续的主体是谁？未见有解释。但有一点是肯定的:《建设工程质量管理条例》未将办理建设工程质量监督手续设定为由建设单位申请的行政登记事项。

笔者认为，建设工程质量监督是建设行政主管部门正常的行政监督管理职能，建设行政主管部门完全可以自申请人申请施工许可证开始自行启动监督程序，没有必要设置监督前的申请监督登记程序。

《建筑法》第七条第一款明确规定:“建筑工程开工前，建设单位应当按照国家有关规定向工程所在地县级以上人民政府建设行政主管部门申请领取施工许可证；但是，国务院建设行政主管部门确定的限额以下的小型工程除外。”申请人在建设工程开工前申请施工许可证的行为，可以理解为办理了工程质量监督手续。因为，建设工程质量监督是工程建设行政主管部门的一项职责和义务，要求建设单位在领取施工许可证或者开工报告前办理工程质量监督手续的意义在于获得施工许可并“报建”，以便自觉接受行政主管机关的监督。建设单位申领建筑工程施工许可证的行为已经起到“报建”效果。至于建设工程质量监督号，那是行政主管机关在行使行政监督过程中的编号，没必要设定由建设单位申请监督程序。

依据《建设工程质量管理条例》第四十八条规定，县级以上人民政府建设行政主管部门和其他有关部门履行监督检查职责时，有权要求被检查的单位提供有关工程质量的文件和资料；进入被检查单位的施工现场进行检查；发现有影响工程质量的问题时，采取责令改正的措施。换言之，对在建工程的质量监督是建设工程行政管理机关法定的职责和义务，建设工程行政主管机关应当在颁发施工许可证之日起或者在建设工程开工之日起，启动报建的建设工程质量监督程序，不得以建设单位未提出质量监督登记申请为由而不履行建设工程质量监督义务。以建设单位未申请建设工程质量监督申请号为由，建设工程质量监督机构不派质量监督员对已经开工的建设工程进行质量监督的行为，肯定是一种行政渎职行为。

5. 可能危及电力设施安全的施工作业审批

在前述研发楼报建过程中，可能危及电力设施安全的施工作业审批是安全监督备案设置的审批条件之一。依据该审批条件，电力供应机构设置了可能危及电力设施安全的施工作业审批事项。经查，该审批事项的设立无法律、法规依据，是否有其他规范性文件依据则不得而知。

二、按非许可性质设置但需严格审核的报建事项

就研发楼报建而言，行政机关设置的直接发包建设工程备案、安全监督备案、质量监督登记等事项，从词意上理解属非许可类行政审批事项，实际办理行为则体现严格审核行政权力特征：

1. 从审查形式看，形式审查与实质审查同时并进，尤其是建设工程安全监督备案和建设工程质量监督登记，除了审查建设单位提交的申报材料外，还必须到现场察看后方决定是否颁证。

2. 从审批行为看，办事人员的行为表现为强烈的严格审核行政权力特征。直接发包备案审查过程中，行政机关不仅要审查施工单位资质、监理单位资质，还要审查申请单位章程、投资项目批准文件、建设工程规划许可文件等14类申报材料的真实性；安全监督备案审查过程中，行政机关不仅要审查施工单位建设工程安全监督档案手册、施工合同、施工方企业安全生产许可证等文件，还要审查由招标投标管理办公室核发的中标通知书、建设工程合同备案登记表、缴纳的费用等文件的真实性，还要察看现场；质量监督登记审查过程中，不仅要审查委托地质勘察合同、施工图纸委托设计合同、经备案的监理合同、施工合同，还要审查建设方、勘察方、设计方、施工方、监理方五方责任主体法定代表人身份、授权委托书、项目负责人资质等10类文件的真实性。

3. 从审批作用看，取得批准证书是申办后续审批的必要条件。监理合同、施工合同未经备案的，直接发包建设工程备案申请不予受理；直接发包建设工程未经备案的，建设工程安全监督备案、质量监督登记申请不予受理；未取得安全监督备案证、质量监督登记证的，不实施施工现场监督，建筑工程

施工许可申请也不予受理。此外，可能危及电力设施安全的施工作业审批则更是安全监督备案设置的具有前置许可性质的条件之一。

哪些行政审批事项应当保留，哪些行政审批事项应当取消，笔者认为还应当重点追索以下几个要素：

1. 设置该审批事项的依据。行政许可事项的设置应当符合《行政许可法》有关设置行政许可权限的规定，非许可类其他审批事项的设置应当符合《立法法》有关立法权限的规定，尤其是《立法法》关于“没有法律、行政法规、地方性法规的依据”“规章不得设定减损公民、法人和其他组织权利或者增加其义务的规范”之规定。

2. 国务院关于行政审批事项清理的原则。行政审批事项该不该保留，应当对照国务院关于行政审批事项清理的五项原则确定。

3. 保留有没有必要。必要的行政审批是实现公共资源分配最合理、公共环境最优且促进公平竞争、维持良好的社会经济秩序的需要，过多的行政审批不仅会阻碍社会经济的发展，而且会增加政府管理社会经济的成本。何为“必要”，是行政审批事项清理应当研究的课题之一。

依据《关于贯彻行政审批制度改革的五项原则需要把握的几个问题》的规定，法律对某一事项只是作出原则的管理规定（如加强管理、监督、指导、负责、检查等），但没有设定行政审批，行政法规自行设定的行政审批事项，应当予以取消；法律、行政法规对某一事项只是作出原则的管理规定，但没有设定行政审批，地方性法规、国务院部门规章或者地方政府规章自行设定的行政审批事项，应当予以取消，地方性法规设定属于地方性事务的审批除外；法律、行政法规、地方性法规对某一事项只是作出原则的管理规定，但没有设定行政审批，地方政府规章自行设定的行政审批事项，应当予以取消；法律、行政法规、地方性法规以及省、自治区政府规章对某一事项只是作出原则的管理规定，但没有设定行政审批，较大的市的政府规章自行设定的行政审批事项，应当予以取消。

中央政府一直强调要“精简机构”“改善投资环境”“深化行政审批制度改革”，为此多次对中央政府的部门进行了归并、调整，多次公布行政审批事项清理结果。然而，实践中尤其是地方实践仍存在一些难点。主要表现在：

一是来自部门内设机构的干扰。地方政府也知道精简机构、改善投资环境、深化行政审批制度改革具有重要意义，但在精简机构方面大多存在上行下效现象，有的甚至存在“应付”现象，虽然政府部门数量有所减少，但政府部门内设机构精简不力，人浮于事的情况没有根本改变。在行政审批事项清理方面，大多局限于国务院已经公布的精简事项范围，之所以地方设立的行政审批事项未能依据法律、法规的规定大刀阔斧地精简，主要是因为受到上级政府部门、部门内设职能机构以及掌握具体行政审批实权的人的行为限制或干扰。

二是行政规范性文件清理不力。研发楼报建纪实表明，一些行政备案、行政登记事项虽没有法律、法规的依据，但有国务院部门或者地方政府部门规定、通知、批复等形式的其他规范性文件依据。为此，在行政审批事项清理过程中，应当对行政审批事项涉及的规范性文件一并清理，不符合行政审批制度改革五项原则的，应当大刀阔斧地清理掉。

关于行政审批条件清理

行政审批条件是行政机关设置并赖以证明其行政审批决定符合规定的主要依据。行政机关在设置行政审批事项的同时，通常会相应设置其行政审批条件。行政审批申请人必须依据行政审批机关设置的审批条件提出行政审批申请并提交符合行政审批条件的证据材料。

与行政审批事项必须依法设置一样，行政审批条件设置也应当遵循法定原则。

《行政许可法》第十六条是对行政许可条件设置的规定。该条确定了行政许可条件法定原则。

1. 行政许可条件设定形式法定：法律、行政法规、地方法规、地方政府规章或者国务院部门规章可以设定行政许可条件。

2. 行政许可条件设定权限法定：行政法规可以在法律设定的行政许可事项范围内，对实施该行政许可作出具体规定；地方性法规可以在法律、行政法规设定的行政许可事项范围内，对实施该行政许可作出具体规定；规章可以在上位法设定的行政许可事项范围内，对实施该行政许可作出具体规定。

3. 下位法不得增设行政许可条件：法规、规章对实施上位法设定的行政许可作出的具体规定，不得增设行政许可；对行政许可条件作出的具体规定，不得增设违反上位法的其他条件。

《行政许可法》第三十一条又明确规定，行政机关不得要求申请人提交与其申请的行政许可事项无关的技术资料和其他材料。

非许可类其他行政审批条件的设定，也应当遵循《行政许可法》关于行政许可条件设定的原则。

近年来，行政审批制度改革侧重于行政审批事项合法性清理，大多忽略对行政审批条件合法性的清理。在行政审批过程中，行政机关任意增设行政审批条件的情形比较普遍。

如果行政机关可以任意增设行政审批条件，为行政审批设置诸多的不确定性，则会严重影响行政审批效率。

以前述研发楼报建记录的建筑工程施工许可证申请条件为例。

依据《建筑法》第八条的规定，申请领取施工许可证，应当具备下列条件：（1）已经办理该建筑工程用地批准手续；（2）在城市规划区的建筑工程，已经取得规划许可证；（3）需要拆迁的，其拆迁进度符合施工要求；（4）已经确定建筑施工企业；（5）有满足施工需要的施工图纸及技术资料；（6）有保证工程质量和安全的具体措施；（7）建设资金已经落实；（8）法律、行政法规规定的其他条件。建设行政主管部门应当自收到申请之日起十五日内，对符合条件的申请颁发施工许可证。

依据住房和城乡建设部2014年发布的《建筑工程施工许可管理办法》第四条的规定，建设单位申请领取施工许可证，应当具备下列条件，并提交相应的证明文件：（1）依法应当办理用地批准手续的，已经办理该建筑工程用地批准手续；（2）在城市、镇规划区的建筑工程，已经取得建设工程规划许可证；（3）施工场地已经基本具备施工条件，需要征收房屋的，其进度符合施工要求；（4）已经确定施工企业。按照规定应当招标的工程没有招标，应当公开招标的工程没有公开招标，或者肢解发包工程，以及将工程发包给不具备相应资质条件的企业的，所确定的施工企业无效；（5）有满足施工需要的技术资料，施工图设计文件已按规定审查合格；（6）有保证工程质量和安全的具体措施。施工企业编制的施工组织设计中有根据建筑工程特点制定的相应质量、安全技术措施。建立工程质量安全责任制并落实到人。专业性较强的工程项目编制了专项质量、安全施工组织设计，并按照规定办理了工程质量、安全监督手续；（7）按照规定应当委托监理的工程已委托监理；（8）建设资金已经落实。建设工期不足一年的，到位资金原则上不得少于工程合同价的50%，建设工期超过一年的，到位资金原则上不得少于工程合同价的30%。建设单位应当提供本单位截至申请之日无拖欠工程款情形的承诺书或者能够表明其无拖欠工程款情形的其他材料，以及银行出具的到位资金证明，有条件的可以实行银行付款保函或者其他第三方担保；（9）法律、行政法规规定的其他条件。县级以上地方人民政府住房城乡建设主管部门不得违反法律法规规定，增设办理施工许可证的其他条件（住房和城乡建设部于2018年对《建筑工程施工许可管理办法》第四条规定的施工许可条件作了修改，与《建筑法》第八条的规定基本对应，共8项）。

依据住房和城乡建设部2018年修改前的《建筑工程施工许可管理办法》

规定的申请施工许可证9项条件中，第4项关于应当招标的工程以及肢解发包工程与该建设项目无关，第7项按照规定应当委托监理的工程也应当与该建设项目无关，第9项的情形目前主要有《消防法》规定的“消防设计文件备案”、《气象法》规定的“防雷设计审核”两项，因此研发楼报建纪实所指的研发楼报建实际申请条件应当共7项。

但是，研发楼申请建筑工程施工许可证例中，地方住房和城乡建设管理局规定施工许可证的申请条件变成了14项。

研发楼报建纪实表明，行政机关违法设置行政审批条件的情形比较常见。

一、违法设置前置审批程序和条件

以前述企业研发楼报建过程中的申请施工许可环节为例，地方建设行政主管部门擅自增设的前置审批程序和条件主要表现在：

1. 要求建设方必须提供由建设工程招标投标管理办公室核发的建设工程中标通知书。民营企业自建生产研发楼，不属于必须招标的工程，要求建设方必须提供由建设工程招标投标管理办公室核发的建设工程中标通知书没有法律依据。

依据违法设置的该申请条件，招标投标管理办公室设置了直接发包建设工程备案的前置审批程序。该直接发包建设工程备案程序又设置了15项申请条件，其中第13项申请条件要求申请方提交工程预算报价原件（加盖编制单位印章、编制单位本专业全国造价员章），产生的实际效果是：建设单位通常没有自己的专业全国造价员，必须委托有资质的中介机构编制建设工程预算。这一规定与直接发包建设工程备案性质相悖。按照字面理解，直接发包建设工程备案应当是指建设单位将已经直接发包的建设工程项目向行政机关报备。可能多数直接发包的建设单位在直接发包前未委托有资质的中介机构编制工程预算报价，要求建设方申请直接发包建设工程备案时必须提供有资质的中介机构编制的工程预算报价，实际上是要求建设方重新委托有资质的中介机构编制工程预算报价，是变相否定直接发包方自己编制标底的行为。《招标投标法》第十二条第二款明确规定：招标人具有编制招标文件和组织评标能力的，可以自行办理招标事宜。任何单位和个人不得强制其委托招标代理机构办理招标事宜。

2. 要求建设方必须提供建筑工程施工合同备案登记表、备案合同。住房和城乡建设部《建筑工程施工许可管理办法》第四条第四项规定的建筑工程许可申请条件之一是“已经确定施工企业”。从字面理解，建设方能够提供与具有施工资质的施工企业签订的施工合同即可。要求建设方必须提供建筑工程施工合同备案登记表、备案合同未见有法律依据。

依据设置的该申请条件，建设行政主管部门内设的管理机构设置了建筑工程施工合同备案的前置审批程序和条件。施工合同备案程序又要求建设单位与施工单位必须使用施工合同格式文本，导致建设单位与施工单位之间均持有 2 套施工合同：直接发包建设工程备案前已经达成的施工合同和直接发包建设工程备案时依据格式文本重新签订的施工合同，这便为建设单位与施工单位之间埋下了合同履行争议隐患。

3. 要求建设方必须提供建设工程质量、安全监督通知书。

依据设置的该项申请条件，建设主管部门内设的建设工程质量监督机构设置了建设工程质量监督登记前置审批程序，建设工程质量监督登记程序中又设置了质量检测合同前置条件。

依据设置的该项申请条件，建设主管部门内设的建设工程安全监督机构设置了建设工程安全监督备案前置审批事项，建设工程安全监督备案程序中又设置了 15 类共 20 多项申请条件，其中第 11 项又设置了可能危及电力设施安全的施工作业的前置审批程序，第 13 项又设置了乡镇（管委会）建设工程办理手续核准的前置审批程序，各项前置审批程序又设置了各自的前置审批条件。

4. 要求建设方必须提供建设工程委托监理合同、监理合同备案表。依据建设部《建设工程监理范围和规模标准规定》第二条的规定，私营企业研发楼建设不在国家规定的必须实行监理的工程目录范围内，行政审批机关设置“提供建设工程委托监理合同、监理合同备案表”审批条件无法律依据。

依据该申请条件，建设主管部门内设的机构又设置了监理合同备案程序和条件。

二、将行政监督职能转化设置为行政审批事项和条件

在前述研发楼报建过程中，地方建设行政主管部门将行政监督职能转化设置为行政审批事项和条件的情形主要表现在：将建设工程安全监督职能、质量监督职能转化设置为行政审批职能。

《建筑法》第六条规定，国务院建设行政主管部门对全国的建筑活动实施统一监督管理。

依据《建设工程安全生产管理条例》第四十三条的规定，县级以上人民政府负有建设工程安全生产监督管理职责的部门在各自的职责范围内履行安全监督检查职责时，有权要求被检查单位提供有关建设工程安全生产的文件和资料。有权进入被检查单位施工现场进行检查。有权纠正施工中违反安全生产要求的行为。有权就检查中发现的安全事故隐患责令立即排除；重大安全事故隐患排除前或者排除过程中无法保证安全的，责令从危险区域内撤出作业人员或者暂时停止施工。这是建设工程行政主管部门安全监督检查职能的具体体现。但是，该条例并未设置建设工程安全监督备案事项。

《建设工程质量管理条例》（国务院第279号令）第四条规定，县级以上人民政府建设行政主管部门和其他有关部门应当加强对建设工程质量的监督管理。第十三条规定，建设单位在领取施工许可证或者开工报告前，应当按照国家有关规定办理工程质量监督手续。第四十三条第三款规定，县级以上地方人民政府建设行政主管部门对本行政区域内的建设工程质量实施监督管理。县级以上地方人民政府交通、水利等有关部门在各自的职责范围内，负责对本行政区域内的专业建设工程质量的监督管理。该条例并未规定建设工

程质量监督登记事项。

既然建设工程安全监督、质量监督是县级以上人民政府建设行政主管部门和其他有关部门的职责和义务，那么建设工程安全监督、质量监督程序是因申请而启动还是应当自行政监督机关知晓之日自行启动？就建设工程质量监督而言，有两种不同的观点。第一种是监督备案设置机关的观点：《建设工程质量管理条例》第十三条规定，建设单位在领取施工许可证或者开工报告前，应当按照国家有关规定办理工程质量监督手续。因此，建设工程质量监督程序应当依申请而启动。第二种是申请方的观点：既然建设工程质量监督是县级以上人民政府建设行政主管部门和其他有关部门的职责和义务，建设工程质量监督程序就应当自质量监督机关知晓之日起自行启动。笔者赞同第二种观点。理由非常简单：是由行政监督的性质和义务决定的。

行政审批与行政监督都是国家行政控制的重要手段，也都是国家行政管理机关实施行政管理的重要手段。虽然国家行政控制的对象都是行政管理相对人，行政审批也具有行政监督性质，但在行政控制性质、启动方以及控制节点等方面则有所差异。

1. 性质有所不同。行政审批是依申请的控制措施，是国家行政机关根据公民、法人或者其他组织的申请，依据法律、法规的规定对申请人的申请条件进行评判，决定是否给予批准的行政行为。行政监督不以当事人的申请为控制条件，具有主动控制性质，是国家行政机关依法定职权，对行政管理相对方遵守法律、法规、规章以及执行行政命令、决定的过程实施检查、了解、监督的行政行为。

2. 启动方不同。行政审批是行政机关的被动职能行为，启动方是行政管理相对人，是根据申请人的申请，对申请人提交的申请条件进行评判并作出处理决定的行政行为。行政监督是行政机关的主动职能行为，行为启动之日自行政管理相对人实施法律、法规、规章规定应当经许可的行为或者应当执行行政命令、决定的行为被行政监督机关知晓之日起开始。如果法定的行政机关因行政管理相对人未提出行政监督申请就不启动行政监督程序，则该行政机关存在行政渎职嫌疑，该行政监督机关当事人可能承担渎职责任的风险。

3. 控制节点不同。就行政许可而言，行政许可与行政监督是两个不同的行政监督阶段。行政许可因行政许可申请人的申请而启动，是行政机关实施的一种事前监督与控制措施，行政机关作出的行政许可决定则成为行政机关依职权启动行政监督职能的依据。申请人实施被许可行为必须严格遵守和执行法律、法规的规定并接受行政机关的监督。但是，行政许可决定并非行政监督程序启动的必然依据。在法律、法规赋予行政机关特定的行政监督职能的情况下，即使行政管理相对人实施的行为不具有行政许可性质，或者虽具有行政许可性质但当事人未提出申请，行政机关也必须履行该特定的行政监督职能和义务。例如，行政机关对生态环境的跟踪督察、对道路交通安全的跟踪督察。

地方建设行政主管部门设置了建设工程安全监督备案程序、质量监督登记程序，并设置了内容繁多的行政审批申请条件，是涉嫌以行政审批替代行政监督的不当行为表现。

从建设工程安全监督备案、建设工程质量监督登记过程分析，行政机关将行政监督职能转化为行政审批职能的主要目的是通过严格的审批条件审核取得行政机关已经尽了行政监督职能义务的证据材料。

三、无任何依据而擅自增设行政审批条件

就研发楼报建流程而言，根据行政管理机关领导意志增设行政审批条件有以下表现：

1. 行政审批机关受理申请人提交的申报材料，要求申请人提供申报资料原件核验的同时，还要求申请人必须在复印件上加盖单位印章，变相增设了

行政审批条件。

2. 建设方在申请领取施工设计文件审查合格证时，行政机关工作人员根据行政机关负责人的口头决定，要求申请人持“设计单位设计的立面图、剖面图送规划局盖章确认”的行为，也是行政审批机关根据行政管理机关领导意志增设行政审批条件的表现之一。

3. 在审查安全监督备案申报材料过程中，窗口工作人员要求申请人必须提供符合窗口设置的“格式”申报材料的行为，也是变相增设审批条件的表现之一。

有些行政审批机关向申请人出具的行政审批告知单中出现“行政机关要求提供的其他材料”字样，这便给申请人提交行政审批申请材料增加了不确定性，也是行政审批机关额外要求申请人提供其他申报材料的理由之一。就行政审批窗口而言，行政审批事项是确定的，行政审批条件也应当是具体而且确定的，不可能出现审批条件不确定的情形，告知单上不应当再出现“行政机关要求提供的其他材料”字样。行政审批告知单之所以这样规定，是行政审批机关为自己滥用行政审批职权、擅自增设行政审批条件设置的依据和空间。

行政管理机关领导擅自增设行政审批条件的行为，是行政管理机关领导“法盲”和滥用行政权力的一种具体表现。依据国务院行政审批制度改革领导小组《关于贯彻行政审批制度改革的五项原则需要把握的几个问题》的规定，没有规范性文件依据，仅仅根据领导的讲话、批示、指示等设定的行政审批事项，应当予以取消。

无法律依据的行政审批条件也是导致“老百姓办事难”现象极其重要的原因之一。因此，审批条件合法性清理，也是行政审批制度改革的重要环节之一。

关于行政审批流程清理

行政审批流程，是指行政审批机关设置的从行政审批申请人提交申请开始到行政审批结果交付申请人的相互关联、相互作用的操作过程。

就一项申请而言，每一行政审批事项都会形成一个独立的行政审批流程。该行政审批流程由设定该行政审批事项的行政机关设定，申请人须依据行政审批事项要求提出行政审批申请，同时依据设置的行政审批条件提交符合该项行政审批条件的证据材料；行政审批机关形式审查后，认为申请及申报的附件材料符合法律规定的决定予以受理，不符合法律规定的通知申请人补正；行政审批申请受理后，行政审批机关根据申请材料的合法性，决定是否予以批准并将审批结果送达申请人。

附前置审批条件的行政审批事项，前置行政审批事项形成的行政审批流程包含在整体行政审批流程中。

就研发楼建设而言，研发楼建设许可过程包括三个阶段：用地许可阶段、规划许可阶段、建筑工程许可阶段（报建阶段）。

前述研发楼报建，已经取得国有土地使用权的情况下，从申请建设工程规划许可到取得建筑工程施工许可证经历了 1 年有余。

研发楼建设三阶段许可过程见后页图。

截至 2016 年 5 月，研发楼建设企业就已经取得研发楼建设投资项目备案文、建设项目环境影响批复、建设用地规划许可证、国有土地使用权证，意味着研发楼建设已经进入建设工程规划许可阶段和建筑工程施工许可阶段。

在研发楼建设工程规划许可阶段，建设单位申请研发楼建设工程规划设计方案审批、申请建设工程规划许可证均无可非议，这是《城乡规划法》明

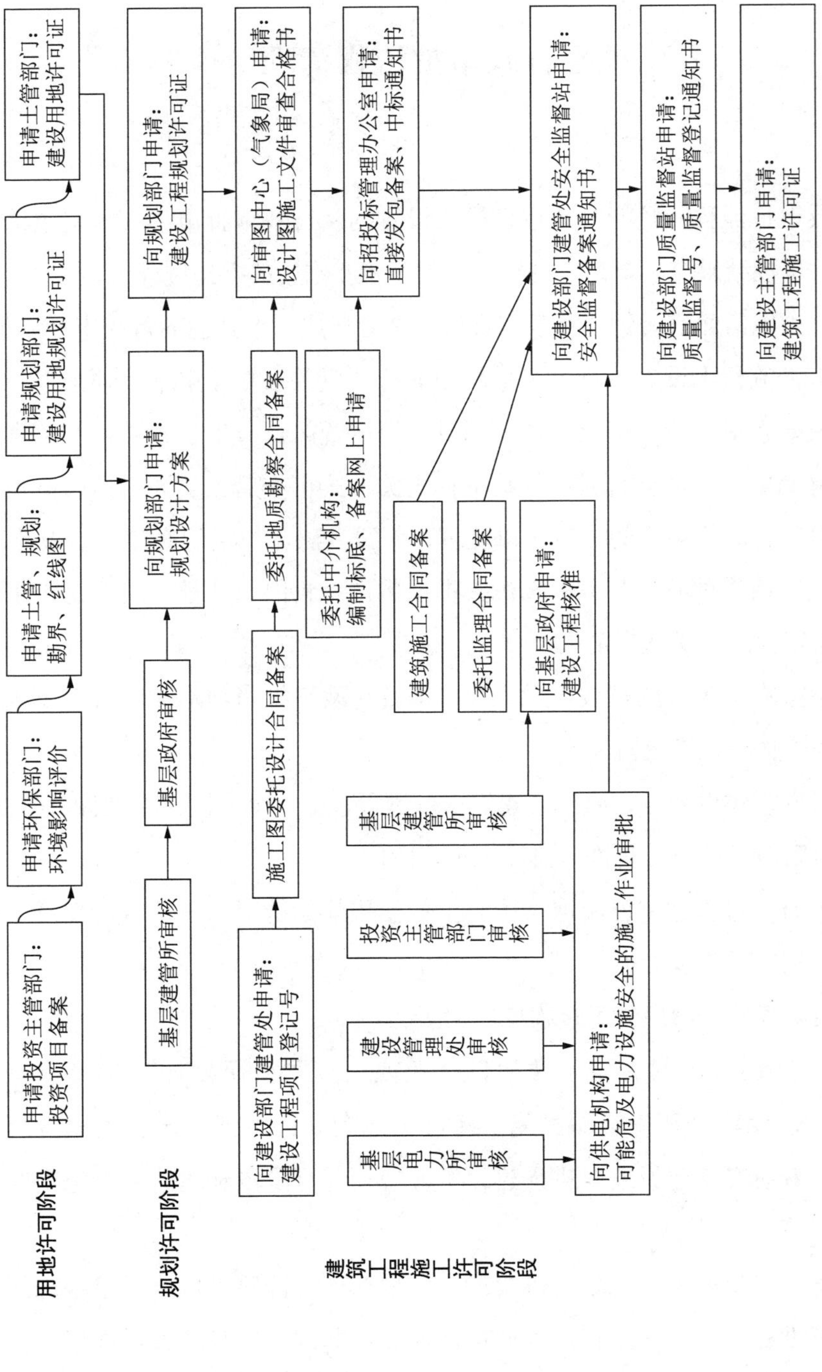

研发楼建设三阶段审批流程设置示意图

确规定的。

值得推敲的是，研发楼建筑工程施工许可阶段的一系列前置审批设置，导致建设单位在已经取得土地使用许可、工程建设规划许可且建设工程设计文件审查合格的前提下，仍不能直接申请建筑工程施工许可证，还必须先提交直接发包建设工程备案、安全监督备案、质量监督登记等申请并取得相关证件，导致建设单位从申请建设工程规划许可到取得建筑工程施工许可证历时 1 年有余。建设单位在取得建设工程规划许可证和建设工程设计文件审查合格证后依据施工合同开工建设，到施工合同约定的工程竣工日期前夕才取得建筑工程施工许可证。

1. 设置建设工程项目登记程序有没有必要？投资项目核准、备案是有法律依据的。投资项目核准或者备案时已经形成投资项目核准号或者备案号。如果认为一个投资项目下可能会有多项建筑工程，各建筑工程应当有各自的编号，完全可以对投资项目核准号或者备案号采取添加尾号的技术处理方法，使之具有唯一性。因此，笔者认为，投资项目核准号或者备案号可以替代建设工程项目号。如果同一个投资项目在实际建设过程中出现多项建筑工程，在多项建筑工程分批次报建的情形下，完全可以在投资项目核准号或者备案号后采取添加编号的方法加以区别，没必要设置建设工程项目登记程序。

还值得推敲的是，建设单位在投资项目申请备案的过程中，该投资项目已经由基层政府审核过了，在建设工程规划设计方案报批、安全监督备案时还有没有必要设置由基层建设管理所、基层政府再次审核的程序？

2. 设置直接发包备案程序有没有必要？前述案例中涉及的研发楼系民营企业自建。民营企业自建的研发楼工程可以由民营企业直接发包是无可非议的。地方招标投标管理办公室设置直接发包建筑工程备案程序未见有法律、法规依据。更不可思议的是：招标投标管理办公室认为建设单位未经有资质的单位编制的直接发包文件无效，必须委托有资质的单位编制标底；设置的网上备案申请程序必须是持有密钥的机构方可进入，建设单位无权自行完成网上申请程序；认为建设单位直接发包时向已经中标的建筑工程施工方发出的中标通知书无效，必须由招标投标管理办公室核发中标通知书。

3. 设置建设工程安全监督备案程序有没有必要？建设工程安全监督是建设主管部门的一项法定职能，在安全监督过程中有权要求施工方提供与建筑安全相关的证明资料，但设置建设单位必须申请安全监督备案程序未见有法律、法规依据，也不具有合理性。试想，如果建设单位未申请建设工程安全监督备案，或者建设单位申请的安全监督备案未通过，建设主管部门可不可以免除建设工程安全监督职能？答案是否定的。此外，在建设工程安全监督备案过程中，设置的以下备案申请条件也令人费解：（1）认为建设单位与建筑工程施工方签订的建筑工程承包合同不具有备案效力，必须按建筑工程承包合同格式版本重新签订并申请备案（与安全监督无关联性）；（2）认为直接发包的建设工程必须与有资质的监理机构签订监理合同方可申请备案（与安全监督无关联性）；（3）建设单位在申请投资项目备案时早就经基层政府审核过了，申请建筑工程安全监督备案时还必须先填写建设工程核准表，报经基层建设管理所、基层政府核准（与安全监督无关联性）；（4）建设主管部门在行使建设工程安全监督职能时应当对建筑工程的周边安全环境一并监察，这是安全监督职能的一项附随义务。建设工程安全监督机关在受理安全监督备案申请时，要求申请单位必须填写可能危及电力设施安全的施工作业审批表，且必须分别报送基层电力供应管理所、供电部门、建设主管部门、经信主管部门审核并盖章，未见有法律、法规依据（现场察看即可明了的事，却设置了烦琐的前置许可程序）。

4. 设置建设工程质量监督登记程序有没有必要？建设工程质量监督同样是建设行政主管部门的一项法定职能，在质量监督过程中有权要求施工方提供与建筑质量相关的证明资料，建设主管部门不得因建设单位未申请建设工程质量监督而免除该项法定职责。建设单位在申请建筑工程施工许可过程中，建设主管部门自行办理质量监督登记就可以了，没必要设置由建设单位申请的质量监督登记程序。

依据国务院《关于贯彻行政审批制度改革的五项原则需要把握的几个问

题》之规定，法律、行政法规对某一事项只是作出原则性管理规定，而没有设定行政审批，行政机关自行设置的行政审批应当予以取消。

试想，建设方取得建设用地手续、建设工程规划许可证且建设工程设计文件审查合格后，如果建设方可以直接申请建筑工程施工许可证，现实中几乎普遍存在的先施工、后补办建筑工程施工许可证的现象就不太可能出现，前述研发楼封顶1个月之后才取得建筑工程施工许可证的情形也不太可能出现。况且，直接发包建设工程建设方在取得用地许可、规划许可且取得施工图设计文件审查合格手续后，依据《建筑法》的规定，应当可以直接申请施工许可。因为，《建筑法》并未设置直接发包备案、安全监督备案、质量监督登记等前置审批事项。

关于网上申报系统清理

所谓网上申报，是为了方便申请人申请，提高审批效率，由申请人在规定的期限内利用计算机或者手机通过互联网登录相关的电子申报网站，按行政机关设置的申报要求录入相关的申报数据和证据材料，通过网络提交给审核机关审核通过的过程。网上申报的要求通常由审核机构设定，录入的相关申报数据应当与审核机构设定的申报要求相符且应当真实，录入的证据材料通常应当是原件的扫描件，以佐证申报数据的真实性。

《行政许可法》第三十三条明确规定，行政机关应当建立和完善有关制度，推行电子政务，在行政机关的网站上公布行政许可事项，方便申请人采取数据电文等方式提出行政许可申请；应当与其他行政机关共享有关行政许可信息，提高办事效率。

一、目前网上申报存在的主要问题

随着互联网技术的快速发展，近年来，网上申报在行政审批过程中基本普及。但是，几乎所有的行政审批机关都没有将网上申报看作行政审批的一种便捷措施，而是将网上申报当作行政审批过程的一个环节，大都要求申请人先通过网上申报，再提交书面申请材料，无形中为行政审批申请人设置了一个网上申报的前置程序。而且，由于行政审批主体多元化，各行政审批主体又都有各自相对独立的网站，且各网站审批系统设计各不相同，导致目前的网上申报不仅没有方便申请人，反而为申请人增设了一项网上申报“门槛”，降低了行政审批效率。主要表现在：

1. 申请人每次在网上申报都必须先学习该网站设置的网上申报操作程序和技能。这是因为行政审批机关各有各的网站。例如，工程建设规划许可网上申报必须在市规划局网站上操作，建设工程项目登记必须在市住房和城乡建设局网站的建筑业企业信用申报系统上操作，施工图设计审查必须同时在省、市住房和城乡建设部门审图中心网站上操作，直接发包建设工程备案网上申报必须在市招标投标管理办公室网站上操作而且必须持有“密钥”，建设工程质量监督网上申报必须在省质量监督网站上操作，建设工程安全监督网上申报必须在地方建设管理处网站上的建设工程安全监督申报系统上操作，建筑工程施工许可证网上申报必须在省住房和城乡建设厅网站上操作，消防设计备案网上申报必须通过省政务服务网进入市公安消防申报系统上操作。由于各网站的设计要求以及网站制作商不同，各网站设计的申报系统操作程序差异很大，各有特色。对于申请人而言，每一个网站的申报系统操作都有一个重新学习操作指南、咨询和熟悉的过程。有的网上申报操作系统设置很不科学，即使是电脑操作相当熟练，也不一定能够很快掌握网上申报操作技能。

2. 网上申报通过后通常还得通过纸质申报材料审查。从研发楼申报纪实可以看出，网上申报通过后，没有一个行政审批机关可以省去纸质材料审查程序，而且多数部门要求提交的纸质申报材料比网上申报的更多，纸质申报材料审查比网上审查更严格，审查的范围也更广。

例如，施工合同备案前的直接发包建设工程备案，网上申报只要求在网上填写完整的申报表，按申报要求上传建设项目备案文、建设工程规划许可证、建设单位营业执照等扫描件即可，而要求提交的纸质申报材料则包括：直接发包备案登记表、建设单位法定代表人身份证明及授权委托书、建设项目备案文（原件及复印件）、建设工程规划许可证（原件及复印件）、抗震审查批准书、施工图纸审查合格证书（原件及复印件）、公司章程（原件及复印件）、有编制资质单位编制的标底（加盖编制单位公章、造价师章）、标底编制委托合同、施工单位的企业营业执照（原件及复印件）、资质等级证书（原件及复印件）、项目经理证书、B类证（原件及复印件）、施工安全生产许可证（原件及复印件）、工程预算报价（加盖本单位公章、本单位本专业全国造价员章）、企业信用管理手册、向建管处缴纳的农民工工资保证金收据等，有一件申报材料不符合要求也不给予备案。

再如，建设工程安全监督备案申报，网上要求填报建设项目信息、建设方基本情况、地质勘测方基本情况、施工图纸设计方基本情况、监理方基本情况，上传施工方企业法定代表人、技术负责人、分管安全的负责人、项目经理的资质证、安全考核证号以及安全员、项目技术负责人的安全考核证即可，而要求提交的纸质申报材料则包括：（1）建设工程安全监督档案手册（一式两份）；（2）施工中标通知书、施工合同、企业安全生产许可证（提供原件核查，复印件留存，一式两份）；（3）项目经理B证及建造师证复印件、专职安全生产管理人员C证等安全生产知识考核合格证书（提供原件，复印件留存，一式两份）；（4）工程监理单位人员单个项目备案表和建设单位安全管理人员花名册（需提供监理人员证件复印件留存，一式两份）；（5）施工现场安全管理网络及安全技术措施；（6）施工组织设计（需施工单位和监理单位审批、审核）；（7）工程项目安全生产事故应急救援预案（包括综合预案，专项预案和现场处置预案）;（8）特种作业人员证件（需提供原件核查、复印件留存。其中，架子工证不少于三本，每台塔吊至少提供一本司机证件和一本指挥司索证件），除架子工外其他特殊工种不得同时与其他在建工程报监材料中重复;（9）施工现场LBS定位考勤人员申报表;（10）可能危及电力设施安全的施工作业审批表;（11）建设工程合同备案登记表;（12）乡镇（管委会）建设工程办理手续核准表（一式两份，由乡镇建管所办理核准手续）;（13）需要缴纳的费用：意外伤害保险，劳保统筹，农民工保险金，安全防护文明施工措施费（外地建筑企业进本市还需要缴纳信用保证金）;（14）建筑施工危险性较大的分部分项工程申报清单。

3. 网上申报系统通常都未设置特殊情形的可变通程序。笔者在整理研发楼报建纪实过程中，有意省略了一个情节：研发楼建设方主体是于2010年从其他市迁入的，迁入时根据地方政府有关领导指示重新注册了一个公司（为了体现是新办企业），因而形成了两个公司主体，两个公司实际上是一家（投资主体相同、经营地点和经营项目相同、法定代表人相同），但由于研发楼建设分别由两个公司申领了土地使用权证，因而土地使用权分属于两个公司，导致同一个研发楼建设工程必须按土地使用权隶属关系拆分为两个建筑工程并分别由两个有资质的建筑施工企业来报建。在申领规划许可证时，地方政府书面证明“该两个公司实为一家”，规划许可网上申报在市规划局网站上操作，采取技术处理方式通过了，但到了质量监督登记申报、安全监督备案申报、施工许可证申报时，网上怎么也通过不了。质量监督登记网上申报系统设定原则之一是：一套施工班子不得同时承担两个建筑工程施工项目，因此同一个研发楼建设项目必须拆分，分别形成两套施工班子施工（由于同一个建设主体申领了两本营业执照而形成两个投资主体的表象，导致同一个研发楼建设项目占用了两个投资主体的土地的事实。当地政府出具证明文件，证明该两个企业实际是同一个投资主体，规划部门认可了，但网上申报程序通过不了。为此，施工方必须设两个项目负责人以及两套技术、安全、施工班子），必须设两个塔吊，同一建筑材料必须分别由两个建设主体向建筑材料检测机构送检并分别取得检测报告，否则网上填报的资料提交不了，无法变通。研发楼安全监督备案、建筑工程施工许可申请同样存在类似的问题，不可变通。网上申报通过不了，纸质申报材料也就不予受理。

二、关于网上申报系统归并

各行政审批主体拥有各自行政审批网的格局应当打破。政府应当设置统一的行政审批网站，以方便行政审批申请人。

在推行电子政务的过程中，如何建立统一的行政审批网上申报系统？如何共享行政审批信息？有两种观点。一种观点认为，取消各行政审批主体的网上申报系统，设计全国统一的行政审批服务网上系统。第二种观点认为，取消各行政审批主体的网上申报系统，以省为单位设计统一的行政审批服务网上系统。两种观点的共同点是取消行政审批主体各自的网上申报系统、设计统一的行政审批服务系统，不同点是统一的行政审批系统是全国统一还是以省级政府为单位统一。

笔者赞同第二种观点，理由如下：

1. 行政审批事项的设置在省与省之间存在一定的差异。现行的行政许可法允许地方法规有一定的行政许可设定权，特殊情形下省级政府也可以设定临时性行政许可事项，因而，行政审批事项和条件的设置在省与省之间可能存在一定的差异，以省级政府为单位设计统一的行政审批服务网上系统较为可行。

2. 省以下地方政府集中行政审批的体系已经基本形成。20 世纪 90 年代初开始出现县一级集中行政服务大厅，到了 21 世纪初，县、市级行政服务大厅如雨后春笋般在全国范围内迅速设立，推动了从中央到地方的各级行政审批制度改革。目前，全国省级政府也大多有了集中行政服务的场所，在省级政府行政审批服务网站的基础上，建设统一的省级行政区划内的行政审批网上申报系统，具有可操作性。

3. 地方各级集中行政审批机构都有建立统一网上申报系统的积极性。提供便民、快捷、高效的行政审批程序，是行政审批申请人的期望，也是各级政府设立行政审批大厅的初衷。笔者走访了解到，就建立统一的网上申报系统而言，地方各级行政审批机构都希望尽快设计并形成统一的网上申报系统。

目前，各自为政的网上审批系统相互之间存在一定的关联性，网上前置审批如果通过不了，后续审批通常不能进行。从行政审批性质和要求看似乎是合理、合法的，但因设置的行政审批事项和行政审批条件不尽合理，导致行政审批效果存在不尽合理、不尽合法的嫌疑。因此，各自为政的网上行政审批系统必须取消。

统一的网上申报系统如何设计？如何开发？笔者认为，还应当在清理行政审批事项和行政审批条件、理顺各行政审批事项之间关联性的基础上进行，而且应当在网上统一申报系统设计、开发、试运行成功的前提下方可关闭现有的各自为政的行政审批网络系统。

三、网上申报与纸质申报要不要重复提交

网上申报通过后，证书如何打印？ 2017 年 2 月 1 日起施行的国务院《企业投资项目核准和备案管理条例》第十三条的规定开了先河：实行备案管理的项目，企业应当在开工建设前通过在线平台将企业基本情况；项目名称、建设地点、建设规模、建设内容；项目总投资额；项目符合产业政策的声明告知备案机关。企业需要备案证明的，可以要求备案机关出具或者通过在线平台自行打印（实际操作中，有些地方审批机关还是要求申请人提交纸质申报材料）。

统一的网上申报系统开通后，能不能参照国务院《企业投资项目核准和备案管理条例》有关建设项目网上备案的做法，可以由申请人选择从网上打印证书或者要求审批机关出具证书？笔者认为是可行的。

以研发楼工程建设项目报建为例：任一证书都可以设计形成唯一的证号。

实行网上申报后，任何一项建设工程自投资项目核准或者备案开始就应当可以设计并自动形成自成体系的证书号，而且任一证书号都具有唯一性，申请人从网上自行打印的带有唯一证号（带有识别码的证书则更便于识别）的证书应当可以作为网上申报已经通过的证据，如果一定要以传统的加盖了审批机关印章的许可证为证，申请人可以要求审批机关在网上打印的证书上加盖审批机关的印章。

网上申报通过后，行政审批机关该不该要求申请人再提交纸质申报材料？有两种观点。一种观点认为，即使网上申报已经通过，行政审批机关仍应当对申请人在网上提交的所有证据材料的真实性进行查验，因此纸质申报材料不能免除。第二种观点认为，网上申报通过后，行政机关通过网上核查方式可以证明其真实性的申报材料，行政审批机关没有必要要求申请人重新提交。笔者赞同第二种观点，理由如下：

1. 从申报材料的作用看，不管是网上申报还是提供纸质材料的申报，申请人提交的申报材料及其附件，所起的作用都是对申请人符合申报条件的一种证明，是《行政许可法》及其他行政法律、法规要求申请人采取的一种自我举证形式。从这个意义上讲，网上申报通过后，行政机关要求申请人提交纸质申报材料是一种自我举证的重复要求。

2. 从申报材料的真实性看，网上申报提供的申报材料通常是以上传扫描件的形式提供给审批机关审查的。审批机关通常会要求申请人上传原件的扫描件。从扫描件的形成方式分析，申请人通过电脑修饰或者其他手段修改扫描件是有可能的，因此在行政许可或者其他重要的行政审批过程中需要对扫描件的真实性核查。但是，有些上传了扫描件的举证材料没有提供复印件并提供原件核查的必要。例如，由行政机关自己颁发的证照的扫描件；在前的审批过程中，申请人提交的证明材料已经由前置审批机关对扫描件或者复印件的真实性进行过核查的扫描件；行政机关可以通过网上信息共享查询到的扫描件等。

3. 从证据材料造假的法律后果看，如果申请人提供的证据材料来源于行政机关颁发的证照，申请人通常不会冒着“伪造、变造或者买卖国家机关的公文、证件、印章罪”的风险造假。退一步讲，即使申请人造假，一经发现，行政机关也可以依职权撤销原行政许可。

有的审批机关以需要对申报材料存档为由要求申请人在网上申报通过后按申报条件要求提供全部纸质申报材料。笔者认为，没必要。因为，申请人的申报材料在网上可以查询到，网上留存的申报材料是最好的电子档案，可免除审批机关纸质档案保管难的麻烦。

即使是在网上申报通过后依法必须要求申请人提交核查的纸质申报材料，要求申请人提供原件核查即可，要求申请人必须在复印件上加盖印章同时提供原件核查无法律依据也没有必要。

网上申报审核通过后不再要求申请人提供纸质申报材料应当是网上申报的意义所在，也应当是行政审批制度改革的一项重要举措和方向。

网上统一申报系统开通后，集中的行政审批服务机构窗口工作人员干什么？主要承担两项职能：网上申报条件符合性审查和颁证。

网上申报条件符合性审查的主要内容应当主要包括：申请人提交的申报材料能否证明其符合申报条件，上传的扫描件是否在前期申报过程中上传过或者可以在网上查询到，哪些申报材料是必须依法进行真实性核实的。

窗口工作人员必须具备直接打证、颁证的能力。诸多的集中行政审批场所采取向窗口工作人员授权并在窗口启用审批机关行政审批专用章的方法，解决窗口工作人员直接在窗口打证、颁证所需行政审批印章问题的做法，值得推广。

关于行政审批收费清理

依据《国家发展改革委、财政部关于印发〈行政事业性收费标准管理办法〉的通知》(发改价格规〔2018〕988号),行政事业性收费是指国家机关、事业单位、代行政府职能的社会团体及其他组织根据法律法规等有关规定,依照国务院规定程序批准,在实施社会公共管理,以及在向公民、法人和其他组织提供特定公共服务过程中,向特定对象收取的费用。

行政事业性收费项目和收费标准,实行中央和省两级审批制度。

依据《行政许可法》第五十八条的规定,行政机关实施行政许可和对行政许可事项进行监督检查,不得收取任何费用。但是,法律、行政法规另有规定的,依照其规定。行政机关提供行政许可申请书格式文本,不得收费。

研发楼报建纪实表明,研发楼建设项目取得土地使用权证、建设工程规划许可证之后的报建过程中,法定的行政许可事项只有一项,即建筑工程施工许可证申请事项,其他的申请事项即使有法律、法规依据,也应当属非许可类行政审批事项。

建设单位在领取建筑工程施工许可证过程中,行政机关未收取任何费用,这是符合《行政许可法》规定的。但是,在申请施工图纸设计文件审查、直接发包备案、规划定点、质量监督登记、安全监督备案等过程中都出现收费现象,是否都有法定依据,收费标准是否合理,应当予以清理。

此外,下列收费现象也应列入清理范围:

1. 不在审批窗口收费。从前述研发楼报建流程看,行政审批机关收费并非都是在审批窗口收取,有些要求申请人到行政审批机关去交纳,给行政审批申请人造成了很大的不便。这种现象不符合国务院行政审批制度改革领导小组《关于贯彻行政审批制度改革的五项原则需要把握的几个问题》中“应当简化程序、减少环节，方便群众，强化服务。一项审批无论涉及部门内部几个内设机构，都应当由一个内设机构代表本部门统一对外，并按照规定程序办理，坚决避免多头、重复审批”的规定。

2. 搭车收费。例如，在申请人领取施工图设计文件审查合格证书时，要求申请人交纳白蚁防治费的行为。白蚁防治专业机构为当事人提供了白蚁防治服务，当事人支付白蚁防治费是可以理解的，但应当依据服务的内容和服务效果支付相应的服务费用。在研发楼报建过程中，当事人与白蚁防治机构签订的白蚁防治合同规定，施工进展到下列情形时，应当提前3个工作日电话通知白蚁防治所实地进行白蚁防治:（1）基础至 ±0 基槽回填土前;（2）地下室地坪找平层施工（无地下室的省略）前;（3）底层室内地坪垫层夯实浇筑混凝土或架空板前;（4）室外散水坡浇筑前;（5）木门窗安装前（无省略）。但合同实施过程中，白蚁防治机构只来现场用药1次就口头告知:“通常情况下用一次药即可。到下一个环节可以直接施工，不需要再通知用药了。”由于是搭车收费，白蚁防治机构已经收取的服务费不会因减少了服务次数而退回部分费用，至于服务效果如何，更没有商量的余地。

3. 垄断性收费。如果是新建的企业，在建设工程报建过程中，通常出现的垄断性收费事项可能包括电力设施安装收费、供水设施安装收费、燃气设施安装收费以及官办的质量检测机构检测收费、测绘机构测绘收费等，这些收费项目可能符合法律规定，但收费标准通常是垄断的，不允许建设单位讨价还价，申请方通过关系给予适当优惠的除外。其中，电力、供水、燃气设施和设备都分别由电力供应机构、供水机构、燃气供应机构自己提供并安装，不允许被服务方自己购买，设施价格和安装费用也都是确定的，不可协商，除非通过关系给予适当优惠。在研发楼报建过程中，虽未涉及电力和燃气设施、设备收费，但涉及水表增容、建设工程质量检测、规划设计院现场规划定点等收费事项。类似的服务事项，提供服务的机构是指定的，在目前尚不能由当事人选择服务机构的情形下，收费标准是否合理应当清理。单从可以通过关系予以适当优惠而言，收费标准存在较大的降低空间。笔者认为，类似的服务事项，国家可以出台服务、设施和器材质量、设施和器材安装与维护等条件和标准，由当事人从市场上选购合格的设施和器材、协议选择服务机构，由建设工程质量管理机构参与竣工验收，可以打破现有的垄断性收费现象。

依据《行政许可法》第五十九条的规定，行政机关实施行政许可，依照法律、行政法规收取费用的，应当按照公布的法定项目和标准收费；所收取的费用必须全部上缴国库，任何机关或者个人不得以任何形式截留、挪用、私分或者变相私分。财政部门不得以任何形式向行政机关返还或者变相返还实施行政许可所收取的费用。据此，行政机关的审批收费去向也应一并列入清理范围。

关于中介服务机构清理

中介机构是指具有相应的专业知识和技术并依法设立，在平等协商达成协议的基础上能够向委托人提供公证、代理、信息技术等性质服务的机构。公证性质服务的中介机构通常包括提供土地、房产、物品、无形资产等价格评估和企业资信评估服务的机构以及提供仲裁、检验、鉴定、认证、公证等服务的机构。代理性质服务的中介机构通常包括提供律师、会计、收养服务的机构以及提供专利、商标、企业注册、税务、报关、签证等代理服务的机构。信息技术性质服务的中介机构通常包括提供咨询、招标、拍卖、职业介绍、婚姻介绍、广告设计等服务的机构。

20 世纪 70 年代以来，随着我国经济体制改革的深入和商品经济的发展，我国的中介机构在政府推动下有了很大发展，也出现了金融、营销、证券等门类的中介机构。由于我国迅速发展起来的中介机构对政府机关有较强的依附性，与政府机关也有千丝万缕的联系，中介服务过程中出现了中介项目垄断、服务收费标准垄断等现象，部分中介服务的公证属性也受到了社会的质疑。

1999年，国务院办公厅发出了《关于清理整顿经济鉴证类社会中介机构的通知》，要求清理整顿与市场经济运行和市场经济活动有着密切关系、对维护市场具有重要作用，并依靠专业知识和技能向社会提供经济鉴证服务的经济鉴证类社会中介机构，包括会计师（审计）事务所、财会咨询公司、税务师事务所、律师事务所，各种资产评估、价格鉴证、工程造价审计（审核、咨询）等实行企业化经营或者从事经营活动的事业单位以及协会、公会、管理中心等行业管理组织。清理整顿的政策要求：一是，没有法律依据或未经国务院批准自行设立的经济鉴证类社会中介机构，应当重新申报，符合条件的经批准可以继续执业，不符合条件的予以合并或撤销；二是，经济鉴证类社会中介机构一律实行脱钩改制，任何政府部门不得举办经济鉴证类社会中介机构。

2015年，国务院办公厅印发的《关于清理规范国务院部门行政审批中介服务的通知》明确规定的中介机构清理范围包括：各类技术审查、论证、评估、评价、检验、检测、鉴证、鉴定、证明、咨询、试验等。该通知提出的清理措施包括：(1)对国务院部门行政审批涉及的中介服务事项进行全面清理，除法律、行政法规、国务院决定和部门规章按照《行政许可法》有关行政许可条件要求规定的中介服务事项外，审批部门不得以任何形式要求申请人委托中介服务机构开展服务，也不得要求申请人提供相关中介服务材料。(2)破除中介服务垄断，放宽中介服务机构准入条件，各部门设定的区域性、行业性或部门间中介服务机构执业限制一律取消，各部门现有的限额管理规定一律取消。(3)规范中介服务收费，对于市场发育成熟、价格形成机制健全、竞争充分规范的中介服务事项，一律通过市场调节价格；对于垄断性较强，短期内无法形成充分竞争的，实行政府定价管理，同时深入推进中介服务收费改革，最大限度地缩小政府定价范围。事业单位提供中介服务的，纳入行政事业性收费管理。审批部门在审批过程中委托开展的技术性服务活动，必须通过竞争方式选择服务机构，服务费用一律由审批部门支付并纳入部门预算。严禁通过分解收费项目、重复收取费用、扩大收费范围、减少服务内容等变相提高收费标准，严禁相互串通、操纵中介服务市场价格。（4）实行中介服务清单管理，明确项目名称、设置依据、服务时限，其中实行政府定价或作为行政事业性收费管理的项目，同时明确收费依据和收费标准。凡未纳入清单的中介服务事项，一律不得再作为行政审批的受理条件。（5）加强中介服务监管，规范中介服务机构及从业人员执业行为，完善中介服务机构信用体系和考核评价机制。

然而，从研发楼报建纪实看，中介机构似乎仍未清理整顿到位。例如：

1. 建设工程质量检测

建设工程质量检测，是指建设单位或者施工单位委托建设工程质量检测机构，依据国家相关法律、法规、工程建设强制性标准和设计文件，对建设工程所使用的材料、构配件、设备以及工程实体进行质量和使用功能测试，以确定施工过程使用的材料、构配件、设备是否符合质量要求、建设工程是否符合设计的使用功能的活动。

依据《建设工程质量管理条例》第十六条的规定，建设工程竣工验收必须提供工程使用的主要建筑材料、建筑构配件和设备的进场试验报告。

在前述研发楼报建案例中，当地的质量检测中心与建设主管部门的质量监督站同设在一个大院内，同属于建设主管部门领导，质量检测中心性质仍属于官办。

质量监督登记程序与质量检测申请程序之间存在相互制约关系，仍存在质量检测项目垄断、检测收费标准垄断、检测手段和方法是否公正等问题。主要表现在：

（1）格式合同有建设单位、检测机构共同认定的持有资质证书的见证员、取样员条款，实际取样时并不严格要求取样员、见证员到场，建设单位也因种种原因怠于现场取样监督，导致该条款形同虚设。

（2）格式合同有现场检测条款，实际检测过程中包括钢筋焊接质量在内的所有建筑材料质量检测都采取送检的方式，导致该条款形同虚设。

（3）格式合同规定的检试费用支付方式为：合同生效后预付估价检试费用总额的20%作为保证金，工程竣工验收前按实结清检试费用。实际执行过程中，检试机构要求委托方先向受委托方账户打入一笔费用，采取按检试实际逐笔扣除检试费用的方式执行，受委托方有“居高临下”之嫌。

如果建设工程质量检测机构不是政府机构设立的，建设单位便可以对委托检测机构有选择权，也可以与受委托的中介机构共同商定委托合同内容。

2. 白蚁防治

白蚁的主要食物是木纤维，包括木材和用木料制成的纸张、衣服、书刊等。除此之外，一些通信或供电的地下电缆、电器等塑料、橡胶制品也易受白蚁的蛀蚀。白蚁往往隐藏在砖木结构内部，破坏砖木结构建筑，严重时造成房屋突然倒塌。此外，白蚁的迅速繁殖、密集营巢，易形成土层内甚至混凝土结构内部空隙，也会对房屋建筑造成严重破坏。

为了控制白蚁危害，保证城市房屋的住用安全，原建设部《城市房屋白蚁防治管理规定》（建设部第130号令）对白蚁危害地区新建、改建、扩建、装饰装修的房屋白蚁防治作出强制性规定。依据该规定第二条第三款，凡白蚁危害地区的新建、改建、扩建、装饰装修的房屋必须实施白蚁预防处理。依据该规定第八条；建设项目开工前，建设单位应当与白蚁防治单位签订白蚁预防合同。白蚁预防合同中应当载明防治范围、防治费用、质量标准、验收方法、包治期限、定期回访、双方的权利义务以及违约责任等内容。依据该规定第十一条第二款，建设单位在办理房屋产权登记手续时，应当向房地产行政主管部门出具按照本规定实施房屋白蚁预防的证明文件。

在前述研发楼报建案例中，当地的白蚁防治机构是建设主管部门的一个内设机构，依附审图中心的审图过程收费，与建设单位签订的委托白蚁防治合同形同虚设，白蚁防治告知的内容与实际用药防治措施不相符。

原建设部于2012年发布的《房屋白蚁预防技术规程》（标准编号：JGJ/T245-2011）规定，房屋内地坪、房屋四周、基础墙两侧、柱基、管井地坪等均应设置水平屏障和垂直屏障进行保护。完工后的各个药物屏障应保持连续，最终建立一个完整的防蚁屏障，防止白蚁利用可能的空隙或漏洞进入房屋。该技术规程对水平屏障、垂直屏障的药物剂量、土壤处理范围以及电缆和管道入口、常见木结构、房屋三层以下的砌墙体等的药物防治都作了具体规定。实际操作过程中，白蚁防治承担机构仅在研发楼基础混凝土浇筑完成后的回填土前进行 1 次用药防治，未分建筑工程施工阶段连续性设置水平屏障和垂直屏障，不符合建设部规章的规定，也不符合白蚁预防行业标准的规定。

依据白蚁防治委托合同以及白蚁防治所向建设单位交付的白蚁预防工程开工通知，施工进展到下列情形时，应当提前 3 个工作日电话通知白蚁防治所实地进行白蚁防治：（1）基础至 ±0 基槽回填土前；（2）地下室地坪找平层施工（无地下室的省略）前；（3）底层室内地坪垫层夯实浇筑混凝土或架空板前；（4）室外散水坡浇筑前；（5）木门窗安装前（无省略）。实际操作过程中，白蚁防治承担机构仅在研发楼基础混凝土浇筑完成后的回填土前进行了 1 次用药防治的情况下，就口头告知建设单位，"到下一个环节可以直接施工，不需要再通知用药"，不符合白蚁防治委托合同的约定。

笔者认为，白蚁防治可以制定相关规范或者标准作为质量监督的依据之一。白蚁防治用药，可以由建设单位委托中介机构实施或者自己依据规范要求实施。

3. 防雷产品提供和检测

前述研发楼报建案例中，地方气象管理机构仍存在指定防雷设施检测中介机构嫌疑，防雷产品提供商也存在与地方气象管理机构工作人员拉关系的嫌疑。至于李科长所说可以提供的"专业防雷服务机构"是什么性质？是否与行政机关有关联则不得而知。据悉，前述案例中，在防雷产品未实际安装的情势下，建设单位也取得了防雷装置验收意见书。这让笔者不得不产生怀疑：该企业研发楼是否有必要安装防雷产品？

如果气象局向建设单位提供防雷产品供应商名录和防雷设施检测机构名

录，建设单位就有选择防雷产品供应商和防雷设施检测机构的权利，也可以有产品价格和服务质量的协商权。

关于行政审批行为规范

关于行政许可行为规范，《行政许可法》已经作了明确规定。虽然法律规定不可能那么细致、全面，但如果行政审批行为能够真正符合《行政许可法》的规定，就应当可以根本改善行政审批人员形象。

笔者建议，行政审批机关可以严格依据《行政许可法》来规范行政审批行为。

一、杜绝不在窗口受理或者两头受理现象

为了给行政审批相对人提供最快捷的服务，目前几乎所有的县、市政府都设立了行政服务大厅，实行“一个窗口对外服务”。这是政府推出的一项便民措施。但是，仍有一些政府部门或者政府部门中牢牢掌控行政审批权的“实权分子”采取阳奉阴违的手段不予配合，一些审批事项未进入政府设立的行政服务大厅办理，导致申请人在行政服务大厅、政府部门之间“两头跑”，给申请人带来了更大的不便。应当依据《行政许可法》以及国务院行政审批制度改革领导小组《关于贯彻行政审批制度改革的五项原则需要把握的几个问题》的要求，坚决避免多头、重复审批。

在前述研发楼报建案例中：

（1）建设部门设置的勘察合同备案、施工图设计合同备案等程序要求提供建设工程项目登记号，申请人去行政服务中心建设窗口，被告知：“建设工程项目登记不在行政服务中心窗口办理，须去住建局下属的建设工程管理处

申请。”申请人只得去建设工程管理处申请办理。

（2）与建设工程质量检测中心签订建设工程质量检测合同必须先取得建设工程质量监督号。申请人去行政服务中心建设窗口，被告知必须去质量监督站申请办理。

（3）防雷装置设计报审，在行政服务中心的气象窗口只能领到一份防雷装置设计审核申请表和一份办事告知单，按要求填写好申请表并盖章后，必须根据告知单上的提示预约气象局具体办事人员，并根据预约的时间去气象局提交防雷设计图纸及其他申报材料，待审核通过后，再去行政服务中心窗口领取防雷装置设计核准意见书。如果防雷设计报审全过程在行政服务中心窗口办理，在行政服务中心大厅监督条件下，指定防雷器供货商的现象就难以出现，申请人两头跑的现象也不会发生，防雷装置设计审批效率就会真正提高。

（4）安全监督备案，申报材料在窗口审核通过后还不能正式受理，口头告知申请人：“下面分两步走。第一步，由建设工程管理处核实安全防护文明施工措施费、农民工保证金等相关费用交纳情况后，开通该项目安全监督内部审核网上流程，我们窗口方可在网上点击提交，再由建设工程管理处审核通过后，由我们窗口打印证书；第二步，必须先察看现场再正式受理，去现场察看的时间由我们科长决定。”申请人只得去建设工程管理处将相关费用已经交纳的收据复印件交给财务室验证并交纳500元安全宣传资料费，建设工程管理处收取费用后，由财务人员在内网上提交给负责人审核。次日，行政服务中心安全监督办事窗口领导到现场察看，要求五方责任主体项目负责人分别在建设工程现场安全监督告知书第五部分签名，又要求申请人将建设工程现场安全监督告知书送建设工程管理处盖章，然后再送行政服务中心窗口正式受理。安全监督备案通过后，又要求申请人“去建设工程管理处交纳打证工本费，每证300元，然后去建设工程管理处5楼取证”。

政府设置统一的行政服务大厅后，出现两头受理、两头承办的现象，导致行政审批申请人两头跑，行政审批效率不但没有提高反而显著降低，严重影响政府形象，也失去了设置统一的行政服务大厅的意义，不如不设置。

二、行政审批指南应当清楚交代申办程序和应当提交的申报材料要求

为方便申请人，行政审批机构都编制并公示了行政审批指南。从研发楼报建纪实看，有些行政审批指南存在以下不足：

1. 受理窗口提供的行政审批指南与网上公示的行政审批指南不一致。例如：

（1）申领建设工程规划许可证，按行政服务中心网站上公示，需申报材料共9件；按行政服务中心窗口提供的办理指南，要求提供的申报材料共6件。

（2）申领建筑工程施工许可证，按建设工程管理处网站上公示，需申报材料共28件；按行政服务中心网站上公示，需申报材料为18件；按行政服务中心建设窗口纸质申报指南，需提交材料为14件。

2. 公示或者提供的行政审批指南中的申报材料清单中出现“法律、法规要求提供的其他材料”或者“行政机关要求提供的其他材料”的字样。

行政审批机关对自己职权范围内办理的审批事项是确定的，各审批事项条件以及应当审核的申报材料也是确定和具体的，不应当出现“法律、法规要求提供的其他材料”或者“行政机关要求提供的其他材料”的字样。

3. 指南提供的申报材料目录交代不清楚。例如，安全监督备案申报材料：

（1）申报指南要求提供工程监理单位人员单个项目备案表和建设单位安全管理人员花名册（需提供监理人员证件复印件留存，一式两份），实际受理时又要求提供原件核查；

（2）申报指南要求提供施工现场安全管理网络及安全技术措施，实际受理时又要求提供施工方内部审批表、报批表；

（3）申报指南要求提供危险性较大工程安全专项施工方案（需经专家审查论证的还需提供专家论证材料，论证材料提出需要修改专项方案的应进行

修改，修改后的方案必须由施工单位和监理单位审批、审核），实际受理时又要求提供危险性较大工程安全专项施工方案及审批表、报批表，而且要求按照施工现场安全管理网络及安全技术措施、土方分项施工、模板分项施工、脚手架分项施工、临时用电施工等安全专项编制施工方案，各专项施工方案也要分别提供由施工单位内部审批、监理单位审核和建设单位核准的报批表；

（4）申报指南要求提供工程项目安全生产事故应急救援预案（包括综合预案、专项预案和现场处置预案），实际受理时又要求提供内部审批表、报批表；

（5）申报指南未要求提供建筑施工危险性较大的分部分项工程申报清单，实际受理时又要求提供；

（6）申报指南要求提供施工现场 LBS 定位考勤人员申报表，实际受理时又说不需要提供；

（7）申报指南只要求缴纳安全防护文明施工措施费，实际受理时又要求将安全防护文明施工措施费缴存到建设工程安全监督机构监督使用，且要求列明分项监督支付计划；

（8）申报指南要求提供施工组织设计（需施工单位和监理单位审批、审核），实际受理时又提出“施工方内部审批的表式都不是规定的表式”，要求按规定的表式重新填写、审批（为什么必须使用审批机关规定的表式？有故意刁难的嫌疑）。

申报指南交代不清实际上就是为申请人设置了申报障碍。仍以安全监督备案为例。申报指南要求提供可能危及电力设施安全的施工作业审批表即可，格式审批表要求填写“危及电力设施安全的情形”，还要求提供“施工现场平面图”，电话咨询被告知“没有危及电力设施安全的情形就填写没有两个字”，施工现场平面图以“草图代替”、审批表“先盖上申报单位的印章，一式四份”即可，可审批表送供电机构审批时又要求“先送所在地建设工程安全监督站、基层电力管理所审核、盖章，所在地电力管理所还要派人去现场察看并签署意见，还应当附有临时用电方案”，回到基层电力管理所，请求现场审核时，基层电力管理所告知“这个建设工程用的电源是你们公司自己的变压器，周围又没有高压线路，不存在危及电力设施安全的情况。施工方可以安装个电表，建设方依据施工方用电量向施工方收取电费就行，不需要提供临时用电方案”，审批表再送到供电机构又要求必须提供临时用电方案，该审批表除供电机构审批外又要求送建设管理机构、经信主管部门审批。

三、一项许可要求当事人分项申请的不应当要求申请人重复提交申请材料

在前述研发楼报建过程中，要求申请人重复提供申请材料的现象较普遍。例如：

（1）规划建筑设计方案报批属建设工程规划许可申请的分项，审批机关同为政府规划部门。申请人在规划建筑设计方案报批时已经按规定提交了发改委核发的投资项目备案文件、土地使用证明文件及土地出让合同、规划局核发的控制性详细规划复印件等材料，在建筑设计方案审核通过后申请建设工程规划许可时，又要求申请人重复提交。

（2）在施工图设计文件报审时，申请人已经向审图中心提交了全套施工图纸，当施工图设计文件审查通过后，申请人领取施工图设计文件审查合格书时，审图中心又要求申请人提交由设计单位设计的全套施工图纸中的 2 张图：施工设计立面图、剖面图。

（3）建设行政主管部门设置的建设工程安全监督备案、质量监督登记程序成为建筑工程施工许可的前置审批程序，要求申请人重复提交的申报材料则更多，这里不再一一列举。

此外，依据《行政许可法》第三十三条、第三十五条的规定，行政机关应当采取措施共享行政许可信息，即使是依法应当先经下级行政机关审查后报上级行政机关决定的行政许可，下级行政机关也应当在法定期限内将初步审查意见和全部申请材料直接报送上级行政机关。上级行政机关不得要求申请人重复提供申请材料。

四、受理或者不予受理申请材料应当出具书面凭证

《行政许可法》第三十二条第一款第四项规定，申请材料不齐全或者不符合法定形式的，应当当场或者在五日内一次告知申请人需要补正的全部内容，逾期不告知的，自收到申请材料之日起即为受理。

《行政许可法》第三十二条第一款第五项规定，申请事项属于本行政机关职权范围，申请材料齐全、符合法定形式，或者申请人按照本行政机关的要求提交全部补正申请材料的，应当受理行政许可申请。

《行政许可法》第三十二条第二款规定，行政机关受理或者不予受理行政许可申请，应当出具加盖本行政机关专用印章和注明日期的书面凭证。

行政机关出具的受理或者不予受理申请材料的书面凭证，是行政机关的行政审批行为自觉接受申请人监督的重要凭证之一，也是行政机关对申请人交付的一种审批办理承诺形式。

《行政许可法》第三节严格规定了行政许可期限：

（1）申请材料审查期限。依据该法第四十二条，除可以当场作出行政许可决定的外，行政机关应当自受理行政许可申请之日起二十日内作出行政许可决定。二十日内不能作出决定的，经本行政机关负责人批准，可以延长十日，并应当将延长期限的理由告知申请人。但是，法律、法规另有规定的，依照其规定。依照该法第二十六条的规定，行政许可采取统一办理或者联合办理、集中办理的，办理的时间不得超过四十五日；四十五日内不能办结的，经本级人民政府负责人批准，可以延长十五日，并应当将延长期限的理由告知申请人。

（2）申请材料审核期限：依据该法第四十三条，依法应当先经下级行政机关审查后报上级行政机关决定的行政许可，下级行政机关应当自其受理行政许可申请之日起二十日内审查完毕。但是，法律、法规另有规定的，依照其规定。

（3）颁证期限：依据该法第四十四条，行政机关作出准予行政许可的决定，应当自作出决定之日起十日内向申请人颁发、送达行政许可证件，或者加贴标签、加盖检验、检测、检疫印章。

（4）期限特殊规定：依据该法第四十五条，行政机关作出行政许可决定，依法需要听证、招标、拍卖、检验、检测、检疫、鉴定和专家评审的，所需时间不计算在本节规定的期限内。行政机关应当将所需时间书面告知申请人。

行政机关受理行政审批申请时不向申请人出具书面受理凭证，是行政机关故意而为，其目的是剥夺申请人对行政审批受理行为和行政审批期限的监督权。

仍以研发楼报建过程中的规划建筑设计方案报审和施工图设计文件报审为例。

1. 规划建筑设计方案报审受理窗口连续三次未受理当事人的申请材料，也未一次性书面告知申请人申请材料不齐全或者不符合法定形式而不予受理的理由，导致申请人单是提交申请材料就跑了三趟。第一趟是因为设计方案未拷贝成光盘被拒收，第二趟是因为复印件未加盖公司印章被拒收，第三趟被告知未先在网上申报。

2. 审图中心采取口头拒绝受理、口头要求申请人补充申请材料、故意不向申请人出具施工图设计文件受理凭证等方式，任意拖延审图期限：

（1）第一次提交申报材料时，口头告知“缺地质勘察报告和地质勘察报告备案意见。资料不全，受理不了。”

（2）第二次提交申报材料时，口头告知“图纸设计网上备案还没有通过，还是受理不了”。实际情况是：图纸设计网上备案也在审图中心办理，图纸设计单位网上申请已经提交好几天了，应该是审图中心负责网上备案的人员办事不及时导致的“备案还没有通过”。在这种情况下，审图中心施工图设计文件受理窗口与负责图纸设计网上备案的科室联系一下，就可以立即完成网上审核程序。但是，施工图设计文件受理窗口工作人员不愿意这样做，要求申请人找图纸设计单位，再由图纸设计单位催促审图中心网上审核人员办理。

（3）第三次提交申报材料时，因前次负责受理的人员未上班，窗口负责人坚决不受理，告知："你只能等她来了再送过来。"

（4）审图通过后，申请人去交纳审图费、办理施工图审查合格书时，又口头通知申请人补充五份材料：设计单位设计的施工设计立面图、剖面图，建设项目备案文复印件，设计合同备案文复印件，勘察合同备案通知复印件，建设工程规划许可证复印件（所有复印件需加盖本公司印章并提供原件备核）。

（5）申请人按要求提交补充材料时，又口头告知申请人："请将设计单位设计的立面图、剖面图送规划局盖章确认。"

（6）申请单位与审图中心负责人协调后，申请人再去领证，审图中心主任未到办公室来，印章盖不了，申请人从上午上班等到下午下班也未能领取到施工图设计文件合格书。

（7）次日再去，审图中心主任终于来了，领证前又口头通知申请人："先去办公室办理登记手续，然后再来取证。"申请人去办公室申请登记，又被告知："提供公司营业执照和建设工程规划许可证原件。"

就这样，申请人从2016年11月11日开始施工图设计文件报审，直到2017年3月14日才取得施工图设计文件合格书。

试想，当申请材料不齐全或者不符合法定形式时，如果行政机关能够当场一次性书面告知申请人需要补正的全部内容；当申请事项属于本行政机关职权范围，申请材料齐全、符合法定形式，或者申请人按照本行政机关的要求提交全部补正申请材料的，如果行政机关能够受理行政许可申请；如果行政机关受理或者不予受理行政许可申请，能够出具加盖本行政机关专用印章和注明日期的书面凭证；如果行政审批机关严格依据《行政许可法》规定实施行政审批行为，行政审批机关的行政审批行为就自觉置于行政审批申请人的监督之下，行政审批超时现象就不可能经常出现，申请人多次提交申报材料不成功的情形也就不会发生。

五、可以联合办理的行政审批事项应当联合办理

《行政许可法》第二十六条规定，行政许可需要行政机关内设的多个机构办理的，该行政机关应当确定一个机构统一受理行政许可申请，统一送达行政许可决定。行政许可依法由地方人民政府两个以上部门分别实施的，本级人民政府可以确定一个部门受理行政许可申请并转告有关部门分别提出意见后统一办理，或者组织有关部门联合办理、集中办理。

在研发楼报建过程中，出现了应当联合办理的事项未联合办理的情形。例如：

1. 施工图纸设计文件审查涉及建设工程质量和安全设计规范、抗震设防规范，也涉及消防设计规范、防雷设计规范。施工图纸消防设计文件实行备案抽查制而未联合办理可以理解，因为有法律、法规的明确规定，但防雷设计审查尚未列入审图中心一并审查范畴则不可理解。

2. 建筑工程施工许可、建设工程安全监督备案、质量监督登记都是建设行政主管部门的依职权行为，如果建设工程安全监督备案、质量监督登记的设置都是符合法律、法规规定的，也不应当要求申请人向建设主管部门不同的科室分别提出申请并分别提交申报材料，而应当依据《行政许可法》的规定实行联合办理。

六、只要申请材料齐全且符合法定形式就应当受理

在研发楼报建过程中，涉及作为附件材料的证照复印件提交，几乎所有的申请事项都要求申请人既要提供原件核对又要在复印件上加盖申请单位的印章，否则一律不予受理。例如，建设工程项目登记要求“网上申请登记提交成功后，来这里提交建设项目备案文复印件、公司营业执照复印件。复印件需加盖建设单位印章，将原件带来备查”，原件未带来核对或者复印件未加

盖公司印章的，网上审核不予通过。

申请人在提交申报材料时，经常出现未携带复印件的原件备查或者未在复印件上加盖印章的情形。在这种情况下，行政审批机关该不该要求申请人必须提供原件核对？经核对的复印件要不要加盖申请单位印章？现行法律、法规未有明确规定。实践中出现四种处理方式。第一种方式，复印件作为证据材料附件，要求申请人必须提供原件核对，即使申请方在复印件上加盖申请单位印章的也不例外。第二种处理方式，复印件作为证据材料附件，加盖申请单位印章的即受理。第三种处理方式，复印件作为证据材料附件，未加盖申请单位印章的，一律要求申请人提供原件审核。第四种处理方式，只要申请材料齐全且符合法定形式即受理，作为证据材料的复印件可以不加盖申请单位印章，也可以不提供原件核对。

笔者赞同第四种处理方式。理由如下：

1. 符合行政许可受理原则

依据《行政许可法》第二十九条第三款的规定，申请人可以通过信函、电报、电传、传真、电子数据交换和电子邮件等方式提出申请。依据该法第三十二条第一款第五项的规定，申请事项属于本行政机关职权范围，申请材料齐全、符合法定形式，或者申请人按照本行政机关的要求提交全部补正申请材料的，应当受理行政许可申请。

如何理解申请材料“符合法定形式”？第一，法律明确规定应当提供书面申请材料的，申请人应当提供书面申请材料；第二，法律、法规、规章明确规定申请书格式文本的，申请人应当提交格式文本的申请书；第三，法律、法规、规章对申请材料明确规定的其他形式。依据《行政许可法》第三十二条第一款第五项规定，只要申请材料齐全而且符合法定形式，行政审批机关就应当受理。

2. 符合行政许可举证规则

申请人是否符合行政审批申请条件，《行政许可法》实行的是申请人自我举证原则。申请人通常采取证据材料复印件的形式予以自我举证。

复印件具有证据效力，在不同的场合所起的证明力有所不同。

在行政审批过程中，行政审批申请人提交的证明材料，只是对申请事项符合申请条件的一种肯定性证明，其证明力通常由行政审批机关确认，证明力确认结果通常左右行政机关对申请事项的处理决定，从而直接影响申请人的权益，不会影响他人的权益。而在民事、行政、刑事诉讼程序中，当事人一方提交的证据材料虽然也具有肯定性证明作用，但其证明作用能不能成立，原则上由对方当事人予以确认，证明作用的确认结果直接左右法官对案件事实的判断和审判结果，直接影响诉讼当事人的权益。在民事诉讼过程中，复印件作为证据使用时，通常出现三种处理方式：第一种情况，经过与原件核对无误或者对方当事人不表示异议，即被采信；第二种情况，因为无法与原件核实或者遭到对方当事人的异议，依据《最高人民法院关于民事诉讼证据的若干规定》第六十九条“无法与原件、原物核对的复印件、复制品”不能单独作为认定案件事实的依据之规定，不被采信；第三种情况，虽然不能直接确认其证据效力，但因为与其他证据形成完整的证据链而被采信。

《行政许可法》为什么规定“申请事项属于本行政机关职权范围，申请材料齐全、符合法定形式，或者申请人按照本行政机关的要求提交全部补正申请材料的，应当受理行政许可申请”？因为，行政许可证据与司法审判证据在证明对象、举证原则、证据来源等方面都有所不同。

第一，证明对象不同。行政许可也好，非许可类行政审批也好，申请人提供的证据材料都是对自己提出的申请事项符合法律规定的申请条件的一种证明；司法审判过程中，当事人提供的证据则是对事实或者事件真实性的一种证明。

第二，举证原则不同。行政审批条件的符合性，法律规定实行申请人“自我举证”原则；司法审判过程中的事实或者事件真实性，法律规定实行“谁主张、谁举证”原则。

第三，证据来源有所不同。行政审批程序中，申请人提交的证明材料绝大多数是行政机关颁发的证件，如证明其具有法人资格所提交的是营业执照复印件，证明其已经合法取得土地使用权提交的是土地使用权证或者是与土地管理机关签订的土地出让合同复印件，证明施工方具备承建该建筑工程项目能力提交的是施工方资质证书复印件；诉讼过程中当事人的举证材料大多是当事人或者当事人之间制作的材料，可能是当事人之间的协议、借条、收据等复印件，也可能是录音、录像，还可能是第三人的口头表述。从复制技巧和风险分析，行政审批申请人提交的证据材料也有可能在复制过程中被造假、篡改，但造假难度较大，且伪造国家机关公文、证件、印章的将面临承担刑事责任的风险；而诉讼当事人提交的证据材料较容易造假，且造假行为只要不导致严重后果，通常不会构成犯罪。

第四，证据影响力不同。行政许可过程中使用的证据材料，通常只会影响行政审批机关对申请人是否符合审批条件的判断，行政机关是否给予批准通常只影响到行政审批申请人自己的权益，特定情形下的行政许可结果才可能间接影响第三人的权益；民事诉讼过程中使用的证据材料，直接影响法官对事实或者事件真实性的判断，从而通过审判结果直接影响到对方当事人的合法权益。

第五，监督规定不同。行政许可决定作出后，行政机关必须依法履行对行政许可申请人实施被许可行为跟踪监督；法院在行政、民事、刑事判决后，法律未规定由司法机关对诉讼当事人的行为跟踪监督。

第六，结果被撤销的成本不同。如果在行政审批过程中，申请人提供的证据材料不真实，行政机关在任何时候发现的，都可以依职权直接撤销原行政审批决定；如果在司法审判过程中使用的证据材料不真实，会直接导致审判结果不公，虽然原告或者被告有上诉权也有申诉权，司法机关也可以启动审判监督程序，但二审或者再审的成本较大，周期也长。

第七，责任承担不同。如果因行政审批申请人提供的证据材料不实而导致行政审批结果被行政机关撤销，由此造成的经济损失由申请人自己承担；如果因司法审判过程中使用的证据材料不实导致审判结果被二审或者再审程序撤销，司法机关依据判决、裁定及其他生效法律文书执行错误，造成当事人损失的，可能导致国家赔偿责任。证据不实构成犯罪的，证据提供方才有可能承担刑事责任。

3. 符合行政审批申请风险承担规则

《行政许可法》第三十一条规定，申请人申请行政许可，应当如实向行政机关提交有关材料和反映真实情况，并对其申请材料实质内容的真实性负责。

如果申请人的申报材料不实，一经查实，依据《行政许可法》，申请人可能会承担三种法律后果：第一，可能面临申请事项不被批准的后果，因为行政审批机关有一定的自由裁量权，而且如果发现申请人的申请事项直接关系他人重大利益的，审批机关还应当依据《行政许可法》第三十六条的规定，告知该利害关系人，听取申请人、利害关系人的意见，决定是否予以批准；第二，如果申请人不具备申请资格或者不符合法定条件，即使申请被批准，行政机关也可以根据利害关系人的请求或者依据职权予以撤销批准；第三，如果申请人以欺骗、贿赂等不正当手段取得行政许可的，行政机关应当予以撤销。此外，如果申请人存在伪造公文、伪造公章等嫌疑，触犯刑法的，还可能面临承担刑事责任的后果。

综上所述，在行政审批过程中，申请人在提交行政审批申请的同时，依据申报条件提交相关证照的复印件是为了证明该项申请符合申请条件。行政审批机关应当以形式审查为主，要求申请人作为附件提交的申请材料必须加盖申请单位印章同时要求提供原件核查的行为，缺乏法律依据。

行政机关受理行政审批申请材料后以形式审查为主。但是，申请事项属于下列情形之一的，应当进行实质性审查：

1. 申请材料的实质内容需要核实的。例如，申请首次房产登记的，房产登记行政主管部门需要对房屋坐落、面积、结构等事项进行核实。

2. 申请事项涉及公共资源利用的。例如，申请国有土地使用权，应当依法通过拍卖程序决定国有土地使用权人。

3. 申请事项涉及公共安全的。例如，申请电梯、压力容器及其他特种设备的使用的，行政机关应当依据特定的机构按照技术标准、技术规范检验、检测结果决定是否予以批准。

4. 申请事项直接关系他人重大利益的。此类情形通常出现在行政许可过程中。例如，行政机关在办理某建设工程规划许可过程中，发现该建设工程规划可能直接影响相邻户重大利益时，应当将该申请事项告知相邻户并听取申请人、相邻户陈述意见。

5. 行政许可依法适用听证程序的。此类情形通常出现在行政许可过程中。例如，行政机关在办理某建设工程规划许可过程中，发现该建设工程规划许可申请可能直接或间接影响公共利益的，应当依法适用听证程序。

6. 依据法律、法规、规章规定应当对申请事项实质审查的其他情形。

依据《行政许可法》规定，行政审批机关在对申请事项审核过程中，依法需要进行实质审查的，应当分情形处理：

1. 根据法定条件和程序，需要对申请材料的实质内容进行核实的，行政机关应当指派两名以上工作人员进行核查。

2. 发现行政许可事项直接关系他人重大利益的，应当告知该利害关系人。申请人、利害关系人有权进行陈述和申辩。行政机关应当听取申请人、利害关系人的意见。

3. 法律、法规、规章规定实施行政许可应当听证的事项，或者行政机关认为需要听证的其他涉及公共利益的重大行政许可申请事项，行政机关应当向社会公告，并举行听证。

行政机关作出行政许可决定，依法需要听证、招标、拍卖、检验、检测、检疫、鉴定和专家评审的，所需时间不计算在法定的行政审批期限内。但是，行政机关应当将所需时间书面告知申请人。

综上所述，在行政审批过程中，行政机关审查申请人是否符合申请条件时，可以依法审查申报材料的真实性，但应当以形式审查为主、实质审查为辅。

应当特别指出的是，如果作为行政许可申请材料的附件是行政机关发放的证照扫描件或者复印件，行政机关应当创造条件通过网上信息共享来查询扫描件或者复印件的真伪，要求申请人必须提供原件核对是行政许可机关推卸申请材料审查责任的一种行为表现，符合民事诉讼法“谁主张、谁举证”的原则，但不符合行政审批申请材料形式审查为主、实质审查为辅的原则。

七、行政机关不得指定商品和有偿服务

《行政许可法》第二十七条明确规定，行政机关实施行政许可，不得向申请人提出购买指定商品、接受有偿服务等不正当要求。

在申请建设工程质量监督登记过程中，质量监督机构指定建设单位与隶属于质量监督机构的质量检测中心签订了委托检测合同。在申请防雷设计审查过程中，建设单位也被引诱与特定的防雷器供应商签订了防雷器购买协议。类似的指定或者引诱行为违反了《行政许可法》的规定。

在行政审批过程中，出现第三方提供服务的情形有时是不可避免的。选择哪家服务商提供服务应当是行政审批申请人的权利。实践中，有些行政审批申请人不了解服务商或者不掌握服务信息的情形也是客观存在的，行政审批机关应当予以帮助，提供具备服务资格的本地全部服务商以及部分外地服务商名录，如果提交的具备资格的服务商数量不足以满足申请人选择的，还应当尽可能地提供包括外地服务商在内的更多的具备服务资格的服务商名录，但不得指定或者变相指定服务商。

八、窗口服务人员应当敢于亮证上岗

行政审批窗口是与行政审批相对人最密切联系的场所。从某种意义上讲，窗口审批行为代表政府形象，也是行政审批相对人对政府及其政府部门印象

形成的最主要途径之一。因此，行政审批窗口的审批行为必须规范，窗口审批人员应当敢于亮证上岗。

1. 关于挂牌上岗。行政审批窗口工作人员挂牌上岗是政府或者政府部门向行政审批相对人公开窗口工作人员身份、公开接受社会监督、展示政府或者政府部门形象的重要形式之一。

（1）行政审批场所应当设置引导看板，引导行政审批申请人能够在最短的时间内到达希望到达的办事窗口。

（2）办事窗口应当设置具体的承办事项看板，尽可能地引导申请人准确地找到窗口受理人员。

（3）窗口工作人员应当佩戴上岗牌。上岗牌应当注明办事窗口、职务、姓名、工号、联系电话等内容。上岗牌可以是柜台式，也可以是胸前式。为防止出现忘记佩戴的情形，提倡柜台式、胸前式同时设置。

2. 关于不脱岗。大多数行政审批机构实行机关工作制，法定的节假日通常不上班。其实，为数不少的行政审批申请人也是上班族，来到窗口提交申请材料通常是特意安排的时间，有的申请人可能还是特意请假来提交申请材料的，还有的申请人可能还是在外地请假回来提交申请材料的。正因如此，令所有的行政审批申请人最头疼的是：窗口工作人员不在岗。行政审批机关应当采取措施防止出现窗口工作人员不在岗现象。

（1）行政审批事项依法需要勘察现场或者进入听证程序的，行政审批机关应当安排其他工作人员勘察现场或者完成听证程序，不得要求窗口工作人员去现场或者主持听证程序。前述研发楼报建中出现的安全监督备案受理窗口工作人员到现场勘察的情形不应当存在。

（2）窗口工作人员确因生病、外出学习等特殊情况不得不离岗的，应当及时安排其他人员顶替。前述研发楼报建中出现的审图中心窗口受理人员因事未上班、其他工作人员又不接受申请材料的现象，是行政审批申请人无论如何也不能接受的。

（3）行政审批机关应当创造条件设立综合受理窗口，在节假日实行由综合窗口统一受理当事人的行政审批申请。

3. 关于一次性告知。一次性告知是《行政许可法》明确规定的一项制度。行政审批机关应当一次性向申请人告知法律、法规、规章规定的行政审批的办理事项、依据、条件、数量、程序、期限以及需要提交的全部材料等内容。

（1）行政审批机关应当通过网站及其他形式一次性告知行政审批相对人本机关承办的法定审批事项、依据、条件、数量、程序、期限以及需要提交的全部材料等内容，其中行政审批条件应当具体、准确，不应当出现“法律法规规定的其他条件”“行政机关要求提交的其他材料”等不确定条件。

（2）行政审批窗口应当将本机关承办的法定审批事项、依据、条件、数量、程序、期限以及需要提交的全部材料等内容印制成一次性告知单。一次性告知单上的内容应当与网站上公开的内容相一致。

（3）申请人提交的申请材料不齐全或者不符合法定要求的，应当分情形及时处理。申请材料不符合法定形式但可以当场更正的，应当指导申请人当场更正；申请材料不齐全的，应当一次性书面告知应当补充的材料目录和要求；申请材料齐全且符合法定形式的，应当受理并向申请人提供受理通知书；依法决定不予行政审批的，应当作出书面决定、说明理由、告知申请人享有依法申请行政复议或者提起行政诉讼的权利和期限。

关于审批窗口人员素质

行政审批窗口工作人员是政府机关工作人员的形象代表。行政审批申请人对窗口工作人员的印象通常会自然转换为对该工作人员所属行政审批机关的印象。为此，行政审批窗口工作人员必须素质过硬。

1. 行政审批窗口人员必须具备的三个基本条件

（1）技能条件：较熟练地掌握所在行政机关行政审批权限、审批程序、审批条件等专业知识以及电脑操作技能，具备审批事项承办能力。

（2）心态条件：和蔼、热情、有耐心，任何情形下不得责备申请人，更不得与申请人争吵，任何情形下都应当给申请人以亲切感、服务感。

（3）责任条件：廉洁自律，严格依据《行政许可法》规范自己的行政审批行为，严格遵守行政审批机关的规章制度，善于站在申请人角度考虑并妥善处理申请材料不齐全、不符合规范等问题，时时刻刻对政府、对部门、对申请人负责。

2. 行政审批窗口人员必须能够全权代表部门处理审批事务

行政审批机关应当向派驻行政审批大厅窗口的工作人员授予充分的代表本机关行使的行政审批权。行政审批窗口工作人员应当有能力代表派出机关承担并行使行政审批职能。

（1）有申报材料的受理权。依据《行政许可法》，行政审批受理人员应当即时审查申报材料是否齐全、是否符合法定形式，发现申报有缺陷的应当按下列规定处理：申请事项依法不需要取得行政许可的，有权即时告知申请人不受理；申请事项依法不属于本行政机关职权范围的，有权即时作出不予受理的决定，并告知申请人向有关行政机关申请；申请材料存在可以当场更正的错误的，有权允许申请人当场更正；申请材料不齐全或者不符合法定形式的，有权当场一次性告知申请人需要补正的全部内容；申请事项属于本行政机关职权范围，申请材料齐全、符合法定形式，或者申请人按照本行政机关的要求提交全部补正申请材料的，有权当场受理行政许可申请。

受理或者不予受理申请或者要求申请人补正申请材料，都应当出具加盖本行政机关专用印章和注明日期的书面凭证。申请材料可以当场补正的除外。

（2）有对申报材料直接审核权。依据《行政许可法》，有权对申请人提交的申请材料进行审查；根据法定条件和程序，需要对申请材料的实质内容进行核实的，有权通知所属审批机关另行指派两名以上工作人员进行核查；依法应当先经本级行政机关审查后报上级行政机关决定的事项，有权在法定期限内将初步审查意见和全部申请材料直接报送上级行政机关；对行政许可申请进行审查时，发现行政许可事项直接关系他人重大利益的，有权直接告知相关的利害关系人并通知所属行政审批机关另行指定人员按听证等程序处理。

（3）有审核结果的决定权。依据《行政许可法》，申请人提交的申请材料齐全、符合法定形式，能够当场作出决定的，有权当场作出书面决定；对申请材料直接审查后，不能当场作出决定的，有权在法定期限内按照规定程序作出决定。

但是，依法应当作出不予行政许可的书面决定的，应当经请示所属行政审批机关领导并获得明确答复意见后，书面向申请人说明理由，并告知申请人享有依法申请行政复议或者提起行政诉讼的权利和法定的申诉期限。

3. 行政审批窗口人员应当实行选派、考核、淘汰制

（1）择优选派制：行政审批机关应当按照“素质高、业务精、能力强、服务优”的原则选派人员在行政审批窗口上班。

（2）服务能力和态度考核制：行政审批窗口管理机构应当建立健全窗口工作人员考核制度，对窗口工作人员的服务能力和态度进行考核。

（3）不称职人员淘汰制：经考核确认不适合在行政审批窗口工作、有损行政审批机关形象的，行政审批窗口管理机构应当有权退回派出机关，要求派出机关另行选派窗口工作人员。

在前述研发楼报建过程中，市质量管理站的窗口工作人员，因找不到申请人已经修正并重新提交过的申请表而责备申请人并对着申请人大吼、当纸质申报材料符合要求后不直接通知坐在对面的另一位工作人员完成网上通过程序，而是简单告诉申请人“这个工程网上质量监督申报还没通过，还是办不了”等行为，有违公仆理念，不适合在行政审批窗口工作。

后　记

行政审批是现代国家管理社会政治、经济、文化等事务的一种重要的控制手段，是政府在市场经济条件下调节公共利益以及市场主体之间相互利益的一种重要手段，也是政府保护公民、法人以及其他组织的合法权益，保护自然资源和生态平衡，实现市场秩序正常化的一种重要手段。没有行政审批易出现市场无序状态，导致恶性竞争，自然资源难以实现合理配置，生态环境难以有效保护，公民、法人或者其他组织的合法权益难以保障。但是，过多、过滥的行政审批不仅会阻碍经济和社会的发展，也会大大增加政府管理社会的成本。正因如此，发达国家纷纷实施行政审批制度改革。尽可能地减少行政审批事项和条件是现代各国行政审批制度改革的共同课题。

美国的行政审批制度经历过一个从自由放任到国家干预再到行政审批事项精简的过程。南北战争后的美国，在资本主义市场经济自由竞争环境下，开始了以电力革命和内燃机革命为标志的科学技术革命，也吸引了外国投资商纷纷进入美国市场，促进了美国经济的快速发展，很快实现了工业近代化，赶上和超过德国、英国，并很快成为世界头号工业大国。1879年，美孚石油公司发展成为美国第一个垄断性经济组织。到了 19 世纪末，普尔、托拉斯、控股公司等现代化组织纷纷形成垄断地位。垄断组织凭借各自雄厚的资本实力控制着大量的社会资源，垄断性地创造各自的最大经济效益，大批的公民、法人已经不能公正、合理地享用社会资源。不仅如此，一些垄断组织还凭借雄厚的经济实力，采取赞助、贿赂、恐吓等手段，谋求对国家政治生活的干扰和控制权。为了维持经济的有序、高速运转，1890 年，美国国会通过了《谢尔曼法》。《谢尔曼法》是美国国会制定的第一部反垄断法，也是美国历史上第一部授权联邦政府控制、干预经济的法案，但垄断组织控制经济发展的现状没有因此从根本上改变。1929 年至 1933 年，美国出现了经济大衰退，经历了人类历史上空前严重的经济和政治危机。1933 年 3 月，富兰克林 · 罗斯福上台后，顺应历史发展的潮流，实行新政，以惊人的速度督促国会先后通过《紧急银行法》《联邦紧急救济法》《农业调整法》《国家工业复兴法》《田纳西河流域管理法》等法案，进一步对金融财政、工业、农业、公共工程、社会保障等领域采取强制干预手段，缓解了经济危机，以免造成更严重的恶果，保护了劳动生产力，使得美国迅速从企业垄断发展成为国家垄断资本新阶段，成长为现代资本主义国家。到了 1945 年，美国迅速发展成为世界头号超级大国。但是，由于在依法反垄断、反不正当竞争过程中，设置了较多的联邦特别行政审批机构，行政审批范围和事项不断扩大，对国内的经济活动尤其对国际经济事务和国际贸易设置了较多的行政审批事项和条件，美国的经济发展受到了一定的制约。到了 20 世纪 70 年代，美国政府对公民个人行为、企业活动以及政府内部事务的管制达到顶峰，引发美国实业界和政界的反管制浪潮。较多的学者和政治家认为，过多的行政审批束缚了公民和企业的自由，牺牲的是社会利益，保护的是垄断者和特殊集团的利益，影响的是美国经济活力，与美国实行的法治社会理念相悖。1978 年，美国以通过《民航管制放松法》为标志，大刀阔斧地开始了行政审批制度改革，完全取消了航空领域的管制，部分取消了汽车运输和天然气领域的管制，大幅度取消了对铁路、电信领域的管制，出现了 20 世纪 90 年代开始的美国经济的持续、高速增长。

“二战”后的英国，在世界上的领先地位逐步被其他国家所取代，国内经济发展也面临许多的困难，政府不得不重视管理效能和服务质量，强调用尽可能少的投入来换取尽可能多的产出，少花钱多办事。1979 年，英国开始了国有企业的私有化，除少部分领域仍实行审批制而继续保留国有外，大幅度地取消了行政审批事项，在电力、电讯、航空、钢铁等基础产业都放松了私有资本和外国资本的进入限制，促进了私有经济和国家经济的快速发展。在大幅度减少行政审批事项的同时，英国也对行政审批方式进行了改革。英国是实行行政审批“一站式”服务和“电子政务”建设最早的国家之一。

“二战”后的日本加强了对经济的管制，行政审批范围广，政府设立的行政审批机构也多。到了 20 世纪 60 年代，日本对企业经济活动、公民个人行为以及政府内部的管制达到顶峰，行政审批事无巨细，成为世界上行政审批事项最多的国家之一。过多的行政审批事项和行政审批条件的设置，实现了对日本社会的全面监督管理，但出现了资源浪费、政府效率低、束缚经济发展等一系列弊端。为此，日本采取逐步推进的方式多次进行了行政审批制度改革。仅 1965 年，日本中央政府就取消了不正当、不合法的行政审批事项 1000 余项。到了 20 世纪 80 年代中叶，日本又开始了行政审批事项的清理，尤其是 1988 年推出《放宽限制的推进纲要》以后，行政审批逐渐淡出微观经济领域，充分发挥市场调节作用，促进了日本经济的更快发展。此外，日本也是设立政府行政审批“一个窗口对外服务”较早的国家之一。记得 1983 年，笔者被派遣去日本佐贺县农业试验场进修，公务护照的签发需层层上报，最后由省委副书记亲自签发。去日本的签证必须由本人持护照到上海才能办成。而在日本期间，由于本人护照在驻中国上海的日本签证机关签证的时间只有 5 个月，需要在日本续签。签证快到期的一个星期前，在日本朋友的陪同下，我们到了佐贺县川副町政府警务服务大厅（佐贺县农业试验场地处佐贺县川副町境内），填写了一份申请并签上名，提交了护照原件，拍了一张相片，不到 20 分钟就办成了。这是一项涉外的行政审批事项，在那个年代能够就地、当场办结，是我想象不到的。

中华人民共和国建立初期，实行的是国家一元化社会管理结构。受高度集中的计划经济体制影响，我国的行政审批被广泛地运用于几乎所有的行政管理领域，曾经在保障和促进公有制和计划经济模式下的社会生产力发展方面发挥过重要作用。

随着我国市场经济的建立和不断完善，尤其是在正式加入 WTO 后，我国的国家一元化社会管理结构被打破，取而代之的是国家、社会相互作用的二元化社会管理结构。但是，由于我国行政管理体制改革滞后，在《行政许可法》《立法法》正式施行前，几乎所有的地方政府以及政府部门都有权以规范性文件形式设定行政审批事项和行政审批条件，以强化各自的行政审批职能，行政审批过程中又散发着浓厚的政府部门既得利益气息，乱收费、暗箱操作甚至利用行政审批权刁难行政审批申请人、索取不当利益等不当行政审批行为屡屡出现。

不断膨胀的政府部门行政审批欲与公民、法人以及其他组织谋求发展心态之间形成一对矛盾，成为我国生产力发展的体制性障碍，与 WTO 规则也很不适应。越来越多的国内外专家、学者以及投资商强烈呼吁实施行政审批制度改革。

2001 年 9 月，国务院成立行政审批制度改革工作领导小组，决定积极、稳妥地推进行政审批制度改革。

2002 年 11 月，国务院《关于取消第一批行政审批项目的决定》（国发〔2002〕24 号），决定取消行政审批事项 789 项，开始了全国自上而下地清理行政审批事项的序幕。在国务院决定取消的第一批行政审批事项中，绝大多数是属于国务院以及国务院部门以行政法规、规章以及其他规范性文件形式设定的行政审批事项。

随后，国务院部门、地方各级政府及其政府部门也开始清理规范性文件，开始清理行政审批事项。

紧接着 2003 年 2 月，国务院《关于取消第二批行政审批项目和改变一批行政审批项目管理方式的决定》（国发〔2003〕5 号），决定取消第二批行政审批事项406项，改变82项行政审批事项管理方式。

而后，国务院清理行政审批事项的工作持续推行，依据《行政许可法》以及《立法法》，多批次公布行政审批事项清理结果，又陆续取消了若干项行政审批事项，同时决定若干项行政审批事项下放或改变行政管理方式。

清理和取消不适当的行政审批事项只是行政审批制度改革的第一个环节。清理和取消的目标，是找到一个行政审批范围和数量的适当点，使之既能够实现公共资源最合理配置、公共利益最大化，又能够最大限度地调动和促进公民、法人或者其他组织发展经济的积极性，充分发挥市场经济优势，还能够最大限度地减少政府管理社会经济的成本。然而，保留多大的行政审批范围和数量最适当？从前述研发楼报建一例看，行政审批事项和条件设置太多、审批程序设置太烦琐等现象仍然存在，清理肯定没有到位。

过多、过烂的行政审批事项固然是影响社会生产力发展的重要因素之一，但束缚和制约社会经济发展的因素不仅仅是过多、过烂的行政审批事项，行政体制及其政府机构设置、行政审批程序和条件设置、行政审批具体承办人员的办事态度和效率等诸多因素同样会成为社会经济发展的障碍。

我国从1989年起先后颁布了《行政诉讼法》《国家赔偿法》《行政处罚法》《行政监察法》《行政复议法》《立法法》《行政许可法》《公务员法》《治安管理处罚法》及其他行政类法律、法规，为行政执法新体制的产生奠定了法律基础。

尤其值得一提的是，2004年7月1日起施行的《行政许可法》，规定了行政许可的设定范围、设定权限和设定条件，设置了行政许可行为规范，设定了我国行政许可权力运行规则，同时设定了行政许可便民、公开、责任、效率、监督等原则。

（1）《行政许可法》明确规定的便民原则主要体现在：申请书需要采用格式文本的，行政机关应当向申请人提供行政许可申请书格式文本。申请书格式文本中不得包含与申请行政许可事项没有直接关系的内容；申请人可以委托代理人提出行政许可申请。但是，依法应当由申请人到行政机关办公场所提出行政许可申请的除外；行政许可申请可以通过信函、电报、电传、传真、电子数据交换和电子邮件等方式提出。

（2）《行政许可法》明确规定的公开原则主要体现在：行政机关应当将法律、法规、规章规定的有关行政许可的事项、依据、条件、数量、程序、期限以及需要提交的全部材料的目录和申请书示范文本等在办公场所公示；申请人要求行政机关对公示内容予以说明、解释的，行政机关应当说明、解释，提供准确、可靠的信息；行政机关作出的准予行政许可决定，应当予以公开，公众有权查阅。

（3）《行政许可法》明确规定的责任原则主要体现在：申请人申请行政许可，应当如实向行政机关提交有关材料和反映真实情况，并对其申请材料实质内容的真实性负责；行政机关不得要求申请人提交与其申请的行政许可事项无关的技术资料和其他材料；申请事项依法不需要取得行政许可的，应当即时告知申请人不受理；申请事项依法不属于本行政机关职权范围的，应当即时作出不予受理的决定，并告知申请人向有关行政机关申请；申请材料存在可以当场更正的错误的，应当允许申请人当场更正；申请材料不齐全或者不符合法定形式的，应当当场或者在五日内一次性告知申请人需要补正的全部内容，逾期不告知的，自收到申请材料之日起即为受理；申请事项属于本行政机关职权范围，申请材料齐全、符合法定形式，或者申请人按照本行政机关的要求提交全部补正申请材料的，应当受理行政许可申请；行政机关受理或者不予受理行政许可申请，应当出具加盖本行政机关专用印章和注明日期的书面凭证；行政机关依法作出不予行政许可的书面决定的，应当说明理由，并告知申请人享有依法申请行政复议或者提起行政诉讼的权利。

（4）《行政许可法》明确规定的效率原则主要体现在：行政机关应当建立和完善有关制度，推行电子政务，在行政机关的网站上公布行政许可事项，方便申请人采取数据电文等方式提出行政许可申请；应当与其他行政机关共享有关行政许可信息，提高办事效率；申请人提交的申请材料齐全、符合法定形式，行政机关能够当场作出决定的，应当当场作出书面的行政许可决定；依法应当先经下级行政机关审查后报上级行政机关决定的行政许可，下级行政机关应当在法定期限内将初步审查意见和全部申请材料直接报送上级行政机关；上级行政机关不得要求申请人重复提供申请材料；行政机关对行政许可申请进行审查后，除当场作出行政许可决定的外，应当在法定期限内按照规定程序作出行政许可决定；申请人的申请符合法定条件、标准的，行政机关应当依法作出准予行政许可的书面决定。《行政许可法》还就行政许可统一受理、联合办理、集中办理以及行政许可的期限作了明确规定。

（5）《行政许可法》明确规定的监督原则主要体现在：明确规定了对行政许可机关承办行政许可事项过程的监督以及行政机关对被许可人实施行政许可行为的监督。其中，《行政许可法》明确规定的对行政许可机关的监督主要表现在：上级行政机关应当加强对下级行政机关实施行政许可的监督检查，及时纠正行政许可实施中的违法行为；行政机关应当建立健全监督制度，通过核查反映被许可人从事行政许可事项活动情况的有关材料，履行监督责任。《行政许可法》还对行政许可机关工作人员滥用职权、玩忽职守、越权等行为的监督作了明确规定。

五花八门的行政审批事项、无节制的行政审批条件设置以及极不规范的行政审批行为也催生出遍布全国的集中式行政审批大厅。

1995 年 10 月，深圳成立外商投资服务中心，实行外商投资审批事项联合审批，成为我国地方政府设立统一办事大厅的雏形。

1999 年，浙江省金华市设立市政府集中办事大厅，开创了政府成立集中统一的行政服务中心先河。此后，行政服务中心如雨后春笋般在全国各地纷纷设立。

到了 2008 年前后，全国几乎所有的县、市政府都成立了行政服务中心，设置了相对统一的行政审批大厅，实行“两集中两到位”，有的地方还实行“三集中三到位”，即在“两集中两到位”的基础上，要求各部门的行政审批事项向政府统一设置的电子政务平台集中，行政审批过程实行电子监察到位。

行政服务中心的设立，将原游离在部门的行政审批职能集中到政府统一设立的行政审批大厅办理，将部门的行政审批行为置于公共场所环境下的公众监督过程中，实现行政审批事项“一门受理”、“一站式服务”、规范操作，以改变办事空间和监督方式的措施铲除滋生行政审批腐败的土壤，申请人长期反映的“门难进、脸难看、话难听、事难办”等行政审批“衙门”作风有明显改观。

但是，行政审批中心则存在一些弊端，主要表现在：

（1）行政审批中心主体地位不明确。行政审批中心的性质通常具有双重性，一是指政府集中行政审批的工作场所，二是指受政府委托在行政审批集中场所实施管理的机构。目前，多数行政审批中心未列入政府职能部门序列，没有行政审批职能。因此，行政审批中心在实施集中行政审批管理的过程中，无权直接受理行政审批申请，也无权直接承诺行政审批办结期限。

（2）“一门受理、一条龙办结”的目标难以完全实现。尽管政府要求集中行政审批实行“两集中两到位”或者“三集中三到位”，由于一些重要的行政审批职能部门实行的是上级业务部门和本级地方政府双重领导制或者上级业务部门垂直领导制，个别双重领导或者垂直领导的职能部门以上级业务主管部门的意志直接或间接地对抗本级政府，企业研发楼报建纪实中描述的申请人在行政服务中心、职能部门之间“两头跑”的现象或多或少地存在。类似的行政审批中心窗口设立反而给申请人增设了申请障碍，不但未能方便申请人，反而严重降低了行政审批效率。

（3）规范行政审批行为有一定难度。由于行政审批事项、条件和程序是由各行政审批职能主体设置的，行政审批行为或多或少地带有部门权益倾向，存在行政审批程序不规范、流程不公开现象，甚至存在暗箱操作、利用职权贪污腐败等现象，给行政审批申请人带来不便，不利于激发市场和社会活力。

（4）多枚公章管审批的状态没有变。设立行政审批中心后，虽然各行政审批主体授权行政审批窗口保管、使用行政审批专用章，但审批过程需要多个行政审批主体盖章的状态没有变。虽然申请人“往多个部门跑断腿”的现象少了，但出现申请人在行政审批大厅“多个窗口之间来回折腾”的新现象。

（5）集中审批监管职能不尽完整。由于行政审批主体多，行政审批中心窗口工作人员实行行政审批职能主体派驻制，窗口工作人员审批行为受职能部门或者职能部门个别人员指令左右的现象难以杜绝，行政审批中心对行政审批职能部门派驻窗口工作人员的审批行为只是有限的督促权，督办职能难以实现在本级政府管辖范围内全覆盖。有的行政审批职能部门甚至伙同行政审批窗口采取种种措施规避行政审批中心对审批行为的监管。

（6）人员管理难度大。由于窗口工作人员是各单位派驻，个别部门不愿意将素质好、能办事的工作人员派驻在行政审批中心窗口，也增加了行政审批中心对窗口工作人员的管理难度。

2009 年 3 月，成都市武侯区行政审批局挂牌成立，尝试将 22 个部门的 79 项审批职能相对集中到行政审批局统一行使。

2014 年 5 月，天津市滨海新区成立行政审批局，相对集中行使 18 个部门的 216 项行政审批职能。

2015 年 3 月，中央编办和国务院法制办印发《相对集中行政许可权试点工作方案的通知》，广东、贵州、江苏等 8 个省份被列为试点省份，依据《行政许可法》第二十五条进行相对集中行政审批权的改革试点，按照“编随事转、人随事走”的原则设立行政审批局，将部门的行政审批职能相对集中到行政审批局，实行“一窗受理、综合咨询、并行审查、一章审批、一站办结”。

2015 年 7 月，江苏省盱眙县行政审批局揭牌，成为中央编办和国务院法制办《相对集中行政许可权试点工作方案的通知》下发后首家批准成立的县级行政审批局。

2015 年 8 月，江苏省南通市行政审批局挂牌，成为全国首家经中央编办、国务院法制办批准设立的地级市行政审批局。

目前，相对集中行政许可权试点工作仍在进行中。

依据《相对集中行政许可权试点工作方案的通知》，在多数试点省份，凡是与企业审批、民生服务有关的行政审批事项，都列入“相对集中”范围，其主要形式是行政审批体制机制发生重大改变，通过设立专门的行政审批局，使得以往各部门的“分散审批”转变为“集中审批”。例如，在江苏省盱眙县，175 项审批权原来游离在 21 个部门、240 个科室行使，需要启用 51 枚公章，相对集中到行政审批局后，原行政审批部门行使行政审批职能的科室工作人员通过“三定方案”形式划拨到行政审批局归并为 4 个专业科室，真正实现“两集中两到位”或者“三集中三到位”并实现“一枚公章管到底”。

依据《相对集中行政许可权试点工作方案的通知》，也可以通过信息化手段实现相对集中审批，即在行政服务中心实现“前台统一受理，后台分类审批”的方式，最大限度地方便申请人。广东佛山就是采取这种相对集中行政审批权模式，集中了与民生服务有关的 200 余项行政审批事项，实现辖区内各个行政服务大厅的“一窗办理”。

成立行政审批局，相对集中行政审批权符合中央“大部门体制”和决策权、执行权、监督权相分离的改革思路，但也存在一些问题。例如：

（1）法律需进一步完善。相对集中行政许可权是有法律依据的。《行政许可法》第二十五条规定：“经国务院批准，省、自治区、直辖市人民政府根据精简、统一、效能的原则，可以决定一个行政机关行使有关行政机关的行政许可权。”但是，工商、税务及其他实行垂直管理部门的职能要不要重新设定，有待法律的进一步明确规定。

（2）需畅通纵向联系渠道。现行行政审批局大多在县、市层级探索实践，省级政府目前还没有成立行政审批局，使得相对集中行政审批权后在上下级相关业务部门之间沟通和协调不畅，县、市级行政审批局往往需要对口上级政府多个行政审批职能部门，增加了较多的工作量和上下联系成本。从这个意义上看，省级政府也有必要成立行政审批局，形成行政审批纵向沟通程序和规范。

（3）政府各部门间需无缝配合。在试点中，一些要件清晰、程序简单、易于识别的许可事项以及非许可类行政审批事项通常容易相对集中到行政审批局统一行使行政审批权。那么，相对集中的范围如何掌控？一些专业性较强的许可事项可不可以相对集中？尤其是公共安全类、公共资源配置类、建设规划类等专业性很强的行政许可事项能不能相对集中？如果尚难以集中，这类专业性很强的许可事项行政主管部门如何为统一行使行政审批权提供技术保障？从各地的操作实践看，涉及重大项目许可以及前沿项目许可，往往需要采取集体审批协商制度，由政府领导或者政府牵头部门召开专门审批办公会议，交由行政审批局代表、相关业务主管部门代表以及专家学者共同讨论决定。此类需要联合审批的事项如何操作？此外，行政审批局的一些审批事项在政策尺度把握、专业标准认定、现场勘验等方面仍需要与原职能部门协商沟通，这就增加了行政审批横向沟通协调的成本，也有碍行政审批效率的提高，需要形成一个横向配合程序和规范。

（4）仍需健全审批过程监管机制。行政审批职能相对集中后，如何实现行政审批事项、流程和条件的最优化？如何提供最优质和最高效的行政审批服务？是行政审批职能机构永恒的课题之一。此外，对行政审批局相对集中行使的行政审批权如何监管？目前大多采取行政审批局内设的监督机构监管的方式。但是，行政审批局内设的监督机构监管行政审批局自己行使的相对集中行政审批权，不符合执行权、监督权相分离的改革思路，也难以避免出现新的行政审批不作为或者滥用职权现象。况且，政府的原职能部门行政审批权被相对集中后，对行政审批过程的监督职能以及对被许可人实施被许可行为的监督职能仍然存在，原职能部门如何行使对被相对集中后的行政审批行为的监督职权？原职能部门的行政监督职能是否也可以相对集中？如果原职能部门的行政监督职能也相对集中，如何实施对相对集中行政审批权行使的无缝监管？也有待进一步探讨和试点。

（5）亟待真正实现电子政务。《行政许可法》第二十九条第三款明确规定：“行政许可申请可以通过信函、电报、电传、传真、电子数据交换和电子邮件等方式提出。”第三十三条又明确规定：“行政机关应当建立和完善有关制度，推行电子政务，在行政机关的网站上公布行政许可事项，方便申请人采取数据电文等方式提出行政许可申请；应当与其他行政机关共享有关行政许可信息，提高办事效率”。成立行政审批局，可以实现“一枚公章管到底”，如何推行电子政务以免除或减少行政审批申请人“跑腿”现象和提交纸质申请材料现象，也是行政审批机关永恒的课题之一。国家市场监督管理总局以国家市场监督管理总局作为全国统一信任源点，开通市场主体身份验证系统，依托移动互联网的便利性发放电子营业执照，在全国范围内通行使用，社会公众能够随时联网验证手机电子营业执照真实性和有效性或者核实当前证照使用人的身份和用途，实现企业“一照走天下”的做法值得借鉴。近来，公安机关在办理护照时，只要求申请人携带本人身份证就可以为申请人当场办结护照的做法也值得借鉴。

（6）审批技能仍需不断提高。行政审批局不同窗口工作人员的行政审批事项不一样，法律规定和技术规范也不一样，各地的操作模式和审批效率也不尽一样，这就存在相互交流、技能培训问题。如何建立窗口工作人员业务培训机制？也有待进一步探索。

需要指出的是，行政审批制度改革的核心在于理顺政府与市场、政府与社会之间的关系，厘清政府职能的合理边界，弄清楚哪些职权应当取消和下放，哪些职权应当保留和修订。设立行政服务中心也好，设立行政审批局也罢，只是对行政审批职权在物理空间的流转，改革的侧重点是行政审批流程和效率。关于提高行政审批效率，行政服务中心或者行政审批局的改革效应可以通过精简审批事项、优化审批流程、实行网上审批、部门信息共享、精简或免除纸质申报材料等途径进一步体现。然而，如何确定政府审批职能的合理范围，如何提高行政审批质量，有待行政审批制度改革向更深层次发展。

行政管理相对人对行政审批制度改革的关注点是什么？是行政管理机关设置的审批事项和条件有没有必要，申办行政审批是否便利以及便利程度。

在研发楼报建纪实中，民营企业研发楼建设属于法律明确规定的可以由企业直接发包的建设工程，行政管理机关设置直接发包备案程序，要求建设单位必须委托有资质的招标代理机构重新编制标底，还导致建设单位和施工单位同时持有前后两份不同的中标通知书、施工合同，这样的审批设置起到的作用是什么？有没有必要？设置安全监督备案程序并设置复杂的前置审批条件，有没有必要？设置质量监督登记程序和严格的申请条件审查程序，是否真正起到了质量监督效果？据悉，该企业研发楼建设过程中，施工单位送质量检测中心检测的混凝土及其他建筑材料都取得了检测合格报告书，建设单位在现场发现的好多自拌混凝土都存在水泥成分太少等问题，有的甚至手持木棍就可以在墙体上捣出一个洞，施工单位因此不得不返工。建设工程安全、质量并非是通过审查与安全、质量有关的书面申报材料就可以实现监督效果的。

我国行政审批制度改革还处于探索阶段。成立行政审批局，是在行政审批大厅建设过程中，为打破固化的行政管理体制，实现真正意义上的“两集中两到位”或者“三集中三到位”目标的一种尝试，也是试图通过机构改革、职权重新配置的方式，探索政府合理权责边界和权力行使路径，以机构改革牵引行政管理体制更深层次改革的一种尝试。设立行政审批局能否成为行政审批制度改革的方向，会不会成为相对集中行政许可权的统一模式，行政审批制度改革有没有更好的路径，有待进一步试点和探索。

图书在版编目（CIP）数据

地方行政审批改革思考：以企业研发楼报建流程为样本 / 吴铭忻著．—北京：中国法制出版社，2019．4

ISBN 978-7-5216-0135-0

Ⅰ．①地…　Ⅱ．①吴…　Ⅲ．①行政管理—体制改革—研究—中国　Ⅳ．① D63

中国版本图书馆 CIP 数据核字（2019）第 069537 号

责任编辑　朱丹颖（投稿联系：ss-nuannuan@hotmail.com）　封面设计　杨泽江

地方行政审批改革思考：以企业研发楼报建流程为样本

DIFANG XINGZHENG SHENPI GAIGE SIKAO: YI QIYE YANFALOU BAOJIAN LIUCHENG WEI YANGBEN

著者 / 吴铭忻

经销 / 新华书店

印刷 / 三河市国英印务有限公司

开本 / 710 毫米 ×1000 毫米　16 开　印张 / 15.5　字数 / 222 千

版次 / 2019 年 4 月第 1 版　印次 / 2019 年 4 月第 1 次印刷

中国法制出版社出版

书号 ISBN 978-7-5216-0135-0　定价：56.00 元

北京西单横二条 2 号

邮政编码：100031　传真：66031119

网址：http://www.zgfzs.com　**编辑部电话：66067369**

市场营销部电话：66033393　**邮购部电话：66033288**

（如有印装质量问题，请与本社印务部联系调换。电话：010-66032926）